初中数学实验课程资源的校本开发与实践

许　彬　著

苏 州 大 学 出 版 社

图书在版编目(CIP)数据

初中数学实验课程资源的校本开发与实践 / 许彬著
. -- 苏州 ：苏州大学出版社，2023.3
ISBN 978-7-5672-4334-7

Ⅰ. ①初… Ⅱ. ①许… Ⅲ. ①中学数学课一实验课一教学研究一初中 Ⅳ. ①G633.602

中国国家版本馆 CIP 数据核字(2023)第 047670 号

初中数学实验课程资源的校本开发与实践

许　彬　著

责任编辑　肖　荣

苏州大学出版社出版发行
（地址：苏州市十梓街 1 号　邮编：215006）
广东虎彩云印刷有限公司印装
（地址：东莞市虎门镇黄村社区厚虎路 20 号 C 幢一楼　邮编：523898）

开本 700 mm×1 000 mm　1/16　印张 10.75　字数 193 千
2023 年 3 月第 1 版　2023 年 3 月第 1 次印刷
ISBN 978-7-5672-4334-7　定价：48.00 元

图书若有印装错误，本社负责调换
苏州大学出版社营销部　电话：0512-67481020
苏州大学出版社网址　http://www.sudapress.com
苏州大学出版社邮箱　sdcbs@suda.edu.cn

前言

Preface

2014年夏天，我受邀参加在江苏省连云港市举行的“江苏省初中数学实验创新案例总结暨表彰大会”。会上来自全省的10多名选手现场展示了获奖作品，我被这些优秀的创新实验设计深深地吸引，也就是从那时起，我决定要学习、研究与初中数学实验教与学相关的理论和实践内容。活动结束后，我在做好本职工作的同时，通过研读与初中数学实验有关的书籍、论文、教学案例等资料，逐渐明白了“什么是初中数学实验”“实施数学实验课程的科学依据是什么”“在初中数学教学中开展数学实验的必要性有哪些”，等等。

2015年3月，江苏省中小学教学研究室第十一期课题开始评选，我结合个人对初中数学实验的理解及学习感悟，并根据我在日常教学中开展数学实验活动实践的经验，将课题的研究方向确定为初中数学实验教学的校本发展与实践研究。这个课题的研究对象是初中数学实验教学，主要聚焦数学实验教学设计、创新实验方案、实验工具的应用等，并把开展研究的范围定位于“校本”，这主要是出于我作为一线教师的研究能力考虑。2015年12月，江苏省中小学教学教研室批准该课题为重点资助课题。在随后的三年中，我不断地研究与初中数学实验相关的最新资料，特别关注由江苏省中小学教学研究室董林伟主任领衔的初中数学实验研究团队，第一时间学习他们的科研成果，及时调整自己的研究策略。功夫不负有心人，2018年11月我主持的课题“初中数学实验教学的校本发展与实践研究”顺利结题。当我梳理三年的研究成果时，既对取得的课题成果感到欣慰，又感觉到课题的研究意犹未尽。所幸的是，在2017年4月，我把其中一个子课题独立出来作为一个研究单元。该子课题顺利被列为苏州市教育科学“十三五”规划课题。经过近四年的潜心研究，我又取得了一系列研究成果，特别是在初中数学实验课程资源的校本化方面有了比较新的认识。为了使这个新认识、新想法得以深入，2021年8月，我将初中数学实验课程资源的校本化开发与实践作为研究方向，继续申报江苏省教育科学“十四五”规划课题。该课题于2021年12月获批立项。

总结课题研究的历程发现，三个课题均以初中数学实验作为研究载体，分别从初中数学实验教学、方案设计、课程资源等方面进行校本化实践研究。课题研究的方向明确、思路清晰、方法得当、策略合理，研究成果从理论到实践，多点开花。比如，对初中数学实验教学的研究，共发表论文 15 篇，其中 3 篇被中国人民大学复印报刊资料库转载；有 5 个数学实验创新方案设计获得江苏省一等奖；有 2 个数学实验工具申请了专利，被全省 200 多万名中小学生使用；课题组所有成员在研究期间开设省、市、区级示范课、观摩课、展示课共计 40 多节，有效地将课题研究成果予以宣传、推广。

本书共四章内容。第 1 章综述一些与初中数学实验课程资源相关的概念，解释其内涵、研究策略等。第 2 章为实物类实验资源的开发与实践，分为纸片类、套尺类、实物模型类三节。纸片类实验案例根据实验目的细分为纸片验证、探究、理解三种形态。套尺类实验资源主要展示新开发的黄金分割尺、三等分角尺、三角函数尺。实物模型类案例以水立方、三角尺、小圆片作为工具做数学实验，详细论述实验过程及数学原理。第 3 章为技术类实验资源的开发与实践，这里的技术主要是指在做初中数学实验过程中经常使用的 GeoGebra、几何画板、网络画板等软件。本章共展示九个实验案例，每个实验案例都从实验目的、实验过程、反思与评价三个方面进行论述。第 4 章为初中数学实验课程资源校本开发的思考，是对全书内容的总结和思考。数学实验课程作为一个十分优质的载体，我们要常态化实施，才能让所有师生享受到数学实验带来的红利。若将其束之高阁，再好的课程和资源也发挥不了作用。这一章既是对本书所有论述内容的思考，也是对初中数学实验实现学科育人目标的期待，希望更多同仁能加入初中数学实验课程资源的研究中来。

本书的所有内容均来自课题研究成果，真诚地希望广大读者通过阅读本书能激发起一些关于初中数学实验教与学的新想法、新设计、新创意，为初中数学实验常态化实施助力。当然，受限于作者的研究水平，书中的一些观点、案例难免存在不足之处，衷心地期望得到广大读者的批评指正！

许　彬

2022 年 11 月于苏州

目　录

Contents

第1章 初中数学实验课程资源的认识

初中数学实验课程是国家课程的辅助课程，其承载着落实数学学科立德树人的育人目标。初中数学实验作为初中生学习数学的一种比较有效的方式，已经被广大学者、科研人员、一线教师所认可。初中数学实验课程需要有丰富的课程资源作为支撑，这样才能让学生享受到数学实验给知识学习带来的益处。课程资源按存在的形式分类，通常可以分为外显性课程资源和内隐性课程资源。外显性课程资源是指那些看得见、摸到着的物化的课程素材，如数学实验手册、实验工具等。内隐性课程资源主要是指那些以意识形态存在的课程素材，如数学史、数学文化、数学思想方法等，这些课程资源不以物质的外壳呈现，而是润物无声，对初中生领悟知识、感悟思想具有十分重要的作用。初中数学课程资源校本化开发与实践是将国家课程落实于常态化教学的有效方式，校本化开发初中数学实验课程资源是适合各所学校校情、学情的有效实践途径。

1.1 初中数学实验课程资源概述

1.1.1 数学实验的认识

“实验”一词是指为了检验某种科学理论或者假设而进行的操作活动，是在一定活动目的驱使下而进行尝试、探究、验证。实验存在于许多科学领域。数学实验同样是一种科学研究方法，它源于猜想和假设，是实验者运用一定的物质手段，在典型实验环境下进行的一种数学探究活动或者对某种猜想的验证。美国是世界上首先将数学实验引入学校数学教学的国家。早在1988年，美国雷斯勒技术学院开设了数学实验课。1989年，美国曼荷莲女子学院数学系在本科教学计划中增加了一门引导性课程“数学实验室”。随后，许多国家也对数学实验课程开展了广泛研究。有的国家在中学教材中增加了数学实验的素材，有的学校还开设了专门的数学实验室。数学实验工具、材料、教学技术等方面获得了较大的发展。

我国开展数学实验研究教学始于1998年，教育部把数学实验列为数学专业的主干课程之一。从此数学实验与数学分析、高等代数、微积分等课程一样，成为数学专业的必修课程。我国第一本数学实验著作是1998年由高等教育出版社翻译的美国大学的自编教材《数学实验室》。同年，清华大学、北京师范大学等高校开始成立课题组，开展数学实验的相关研究，大学数学实验类专著相继出版。目前，数学实验已是高校数学专业的主干课程之一，而且数学实验的研究也越来越成熟了。

2001年，中国社会科学院林夏水先生建议在中学阶段开设数学实验课程。这个建议推动了数学实验教学在高中阶段的发展。与此同时，几何画板、超级画板等软件也相继被开发并应用于数学实验。中学的数学实验与大学不同，它具有中学基础教育的鲜明特征。数学实验目的主要是让学生在“做”中学数学和用数学，首要功能是辅助数学教学和学习。中学数学实验是一种人为创造的实验环境，是让学生“再发现”，教师根据数学教学内容需要安排实验的进度，根据教学内容和范围对实验进行设定。

初中数学实验是学生通过动手动脑，以“做”为支架的数学教与学的活动方式，是在教师的引导下，学生运用有关实验工具，通过实际操作，在认知和非认知因素参与下进行的一种发现数学结论、理解数学知识、验证数学结果的数学活动。它强调“从做实验中学”，通过做实验来主动探究，培养学生的动手实践能力、解决问题的能力和创新精神，积累数学活动经验，是一种十分有效的数学学习方式。

1.1.2 数学实验的教学价值

数学实验是数学知识的主要载体，它由实验目的和实验工具两个因素组成。实验目的主要是为了实现教学目标，是数学实验的终极目标。实验工具是实现实验目标的主要手段，是实现教学目标的物质保障。初中数学实验主要有三种类型：验证型、理解型、探索型（少数为“模拟型”）。数学实验的教学价值主要体现在：以“做数学”为主要形式，使学生手脑并用、启思明理，让学生经历完整、合理的数学学习过程。数学实验不仅是学生数学认知发展的有效途径，也是对教学过程的必要补充，还是数学课程资源开发的重要源泉。

数学实验是学生认知发展的有效途径。在数学实验过程中，学生操作有关数学实验工具（如纸片、模型等）进行数学学习活动，须仔细观察实验过程，辨析观察对象的变化情况，抓住变化前后的因果关系。通过观察实验，抽象出研究对象在数量或者图形方面的本质特征。因此，数学实验与空间想象能力、概括能力有着直接的因果关系，而初中阶段正是学生概括能力发展的关键期。

数学实验是对学习过程的必要补充，使学生经历完整的数学学习过程。教学的完整过程应该包括三个阶段：知识怎么来的，知识是什么，知识去哪里。在“知识怎么来的”阶段，学生主要思考“为什么要学习这个知识”“这个知识的产生将会对学习带来怎样的帮助”“这个知识是如何生成的”“这个知识与数学知识体系中的其他知识之间有怎样的关系”。教师要引导学生弄清楚这些问题，否则学生的学习目标不清楚、不明确，会缺乏学习的主动性。“知识是什么”是学生对知识进行理解和巩固的阶段，要让学生明白利用该知识能够解决什么问题，能给学习现状带来怎样的改变，知识自身的意义、价值在这个阶段都将得到体现。在“知识去哪里”阶段，教师要启发学生思考知识的发展方向，这个知识还会生成怎样的新知识，会对今后的学习、生活、能力等方面产生多大的影响。数学实验往往在第一阶段作为教学情境，能够引发学生对数学知识的思考。数学实验在第三阶段发挥对数学结论进行验证或者创新的作用，完全改变了传统教学只重视第二阶段的做法，使学生经历新知识学习的全部过程。

数学实验是发展学生数学核心素养的有效方式。数学实验是为了探索数学知识、检验数学结论而开展的操作性思维活动。学生通过操作数学实验工具使研究的内容直观化、可视化，在数学实验中体会探究的价值，掌握数学研究的规律，培养理性思考问题的习惯，学会交流、协作，尝试解决数学问题和生活问题，并检验和论证问题的结果。这些正是新课标所提倡的数学素养培养方向。比如，利用数学实验发展学生的数感，在理解"有理数的加法法则"的合理性时，首先设计如下教学情境：若规定篮球比赛中赢球为"＋"，输球为"－"，如果一支球队主场比赛赢了 3 个球，客场比赛输了 2 个球，那么该队净胜 1 个球。将这个过程设计成一个模拟实验活动：

操作 如图 1 所示，把笔尖放在数轴的原点处，沿数轴先向正方向移动 3 个单位长度，再向负方向移动 2 个单位长度，这时笔尖停在表示有理数"1"的位置上。同时结合算式将结果直观表示出来。

算式：$(+3)+(-2)=+1$。

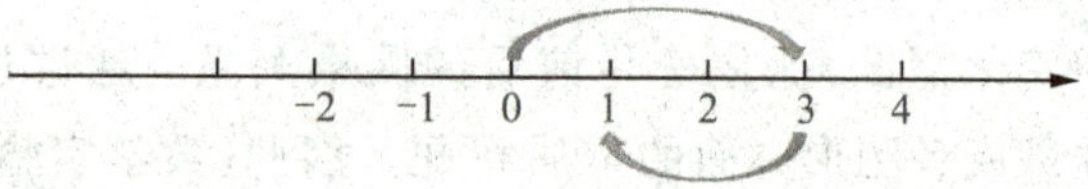

图 1

在教学过程中，学生还可以做许多类似的数学实验，并根据笔尖的移动方向写出相应的算式。所有学生都可以动手操作这样的实验，直观感受连续移动中点的运动方向与距离对实际移动结果产生的影响。通过"数"与"形"的转换，学生对有理数的加法法则能充分理解，并能感悟负数的意义。初中数学实验的所有内容，对应数学素养的各个核心概念，如符号意识、空间观念、数据分析观念、运算能力、推理能力和模型思想等。在数学实验活动中，还能够发展学生的应用意识和创新意识。

1.1.3 初中数学实验课程资源的内涵

初中数学实验课程是初中阶段国家课程的一种补充，是帮助学生直观地理解数学知识、感悟数学思想和积累基本活动经验的辅助课程，具有工具性、情境性、操作性和探究性等特征。

数学实验课程的总体目标直接指向发展学生的数学学科素养。通过数学实验课程的实施，学生能在发现、体悟、探究等方面有一定的收获。一是获得客观的数学基本活动经验和数学思想；二是提升“做”和“用”数学的实践能力以及发现和提出问题的能力；三是增强数学的应用意识和创新意识以及合作交流的意识。数学实验课程的目标在具体活动中通常会从现象解释、方法发现、原理探究和问题解决四个维度进行阐述。

数学实验课程的设计要体现先进理念与有效实践的结合，坚持因材施教、知行统一、学思结合，要能够体现数学实验的科学性、实践性、互动性、实效性，要以学生为主体，面向全体学生，紧扣实验内容，形成开放、创新的教学氛围。数学实验课程的设计遵循目标性原则、整体性原则、多样性原则和简约性原则。例如，目标性原则是指设计数学实验活动时，必须具有明确的目标，要提前确定好实验内容、形式、方法、评价等方面的标准。实验内容的取材要少，目标指向明确，结论要清楚。

初中数学实验课程资源是指支撑数学实验活动的要素来源和条件，是数学实验课程的设计、编写、调整和实施的过程中可利用的一切有形和无形的资源，包括课程标准、教科书、各种试题、数学活动资料、数学文化、数学思想以及所有有助于提高数学实验活动质量的素材资源。对数学实验课程资源的科学开发与有效利用是数学实验课程目标顺利实现的必要条件。数学实验课程资源有可见资源和不可见的隐性资源。可见资源在数学实验活动中被操作、使用，隐性资源则是通过实验感悟到的思想方法等。因此，初中数学实验课程资源分为外显素材性资源、外显条件性资源、内隐素材性资源、内隐条件性资源。

1.1.4 初中数学实验课程资源的分类

从初中数学课程资源的表现形态分类，可以分为外显和内隐两种类型的课程资源。外显型课程资源分为外显素材性资源和外显条件性资源；内隐型课程资源可以分为内隐素材性资源和内隐条件性资源。所谓外显型课程资源是指看得见、摸得着的课程资源。例如，文字、图表、符号、图形、教材、图书馆、网络技术等等，这些都是外显型课程资源。而内隐型课程资源一般指抽象的、隐藏的、需要体悟的、隐性的资源。比如，数学文化、数学思想、问题背景等，这些都是一些潜在的，对陶冶人的情操具有潜移默化价值的课程资源。

从初中数学课程资源在学生学习时所处的位置看，可以分为过程性资源和结果性资源。过程性课程资源主要对数学实验的实施过程产生作用，它是学生形成数学实验活动经验的基础。比如，一个数学概念的产生，需要对一类研究对象进行抽象，抓住这类研究对象的最主要的特征，为新知识的产生发挥助推作用，这就是过程性课程资源。结果性课程资源是对其他知识具有推动意义的课程资源，比如一个定理或者公式产生之后，它能够解决其他的数学问题，或者作为解决问题的依据推动新知识的继续发展，具有这种价值的课程资源就是结果性课程资源。

1.2 初中数学实验课程资源校本开发的策略

1.2.1 初中数学实验课程资源校本开发的价值

初中数学实验课程资源的校本开发是指师生在实施数学实验教与学的过程中，在《义务教育数学课程标准(2022年版)》的指导下，对苏科版《初中数学实验手册》的实验内容进行有效整合、改编，在熟练应用数学实验工具的基础上，根据初中数学知识学习的需要，创新设计数学实验教学方案，结合本校师生在开展数学实验教与学活动时积累的活动经验，用理论联系实践的方式开发出有利于师生实施数学实验“教”与“学”的适切性校本资源。初中数学实验课程资源校本开发的重点是数学实验的文本、影(图)像、信息技术、实物工具类资源等，目的是加快推进初中数学实验教学常态化，以“做”数学的学习方式，使学生经历科学、完整的学习过程，提升数学核心素养。通过数学实验的教与学，实现立德树人的学科育人目标。

从理论方面来看，初中数学实验课程资源的校本开发是以“数学实验文本资源开发”“实验影(图)像资源开发”“信息技术支撑的实验资源开发”“实物工具资源建设”等建构起主题研究性框架，以数学实验教学的校本实施为载体，对学生的数学学习产生正迁移，为完善校本背景下数学实验教学的常态化做出贡献。数学实验课程资源的开发与实践，将带动更多教师投入数学实验的研究中来，提高数学实验的教学水平，提升初中生的数学核心素养。

从实践方面来看，初中数学实验课程资源的校本开发与实践能更好地促进教师和学生对数学实验进行更深层次的思考，提升数学实验活动对数学学习的指向性和有效性，加快推进初中数学实验教学的常态化实施，对数学实验课程资源的校本化再创新、再开发具有激励作用。在应用校本实验资源进行数学学习的过程中，丰富的实验资源能够培养学生优秀的学习品格以及科学探究的精神、理性思考的习惯、合作创新的意识，对落实立德树人的学科育人目标具有重要价值。

数学实验课程资源的校本开发，能解决数学实验活动单调、资源匮乏、实验形式单一等现实问题，促使数学实验在知识学习的过程中发挥最大效益。师生在数学实验的校本开发和实践过程中，共同经历完整的数学学习过程，化抽象为直观、化结果为过程、化静态为动态，为创新学习提供更加有利的环境。

1.2.2 初中数学实验课程资源校本开发的路径

初中数学实验课程资源的素材主要有以下几类：(1) 手工操作素材，包括折纸、拼图、剪裁、切割、折叠和展开等。这类素材在《初中数学实验手册》中占比较大。学生主要通过对实验材料的"数学化"操作来实现对数学概念、原理及事实的理解。(2) 游戏活动素材，如"算 24 点""翻牌游戏""数字黑洞""火柴棒游戏"等。(3) 测量建模素材，如皮尺、天平、测角仪等。学生通过数学实验强化对数学知识的运用，感受数学的应用价值。(4) 探究发现素材。一是以实物为载体的素材；二是以计算机为载体的探究素材，如几何画板、超级网络画板、动画软件等，利用信息技术呈现课程内容。

初中数学实验课程资源的校本开发主要采用以下研究方法。(1) 文献研究法：学习江苏省中小学教学研究室开展初中数学实验课程前后及推广实施中的相关研究成果、课程材料、课堂实录、实验教学设计等资料文献，经过认真分析和研究，确认开展本课题研究的意义。(2) 调查研究法：通过问卷调查、教师访谈、学生走访等形式，对学校开展数学实验教学时在实验资源方面存在的问题和需求等进行深入调查，总结、提炼出最核心的问题，找准研究的切入点。(3) 案例剖析法：通过分析区域内参研学校的师生在数学实验教学中对实验资源的需求，在对主要问题分析、总结和提炼的基础上，找准课题研究的方向与目标。(4) 对比研究法：在纵向上，将各参研学校开展研究前数学实验资源的现状，与开展课题研究后的实验教学资源进行对比，比较课题研究给数学教与学带来的变化。在横向上，将参研学校的数学实验教学与同水平的非参研学校做对比，分析课题研究在实验教学实践层面具有的优势。(5) 经验总结法：对参研学校在校本资源开发与实践等方面的研究成果及时总结，相互交流、扬长避短，用互补的方式使各参研学校的数学实验课程校本资源逐渐丰富起来，把已经形成的研究成果进行转化或推广。

初中数学实验课程资源的校本开发路径主要有以下几种。(1) 文本资源开发实践，包含数学实验教学创新设计、数学实验典型案例、数学实验创新方案、数学实验研究报告等，主要立足于课堂，需要理论联系实践。(2) 数学实验教学的影(图)像资源实践开发，包含学生做数学实验的小视频，数学知识证实(证伪)视频，数学实验工具创新设计、图解等。这些都具有较强的可操作性，需要在数学知识和思维的引领下实施证实或证伪研究。(3) 数学实验信息技术类资源开发实践，包含几何画板验证实验、网络画板应用、GeoGebra操作与应用研究、Excel数据处理、数学实验的Flash分解演示等。利用几何画板、GeoGebra等软件对数学知识和结论进行验证，在几何教学、试题解答、习题创编等学习中运用信息技术，将抽象的知识具体化，无形的知识可视化，提高学生学习和研究数学的兴趣。这类资源具有较强的技术要求。(4) 数学实验工具资源开发研究，包含数学实验工具制作、实验工具创新、数学实验室的建设等。这些需要校内部门或者校际通力合作，需要实验材料、场地等硬件。

开发、实践与创新研究是初中数学实验课程资源校本开发的关键词。通过对文本资源、影(图)像资源、信息技术、实验工具资源的开发与实践，充分发挥数学实验课程在提升初中生数学核心素养和学科育人等方面的价值。

第2章　实物类实验资源的开发与实践

初中数学实验的实物类实验资源非常丰富。以纸片类实验资源为例，该资源具有易观察、方便移动、成本低、好操作等优点，因此被广泛用于对数学猜想、结论的证实（证伪），或者对数学知识的探索和理解。纸片类数学实验是指学生在教师的引导下，通过动手动脑，在以“做”为核心的数学学习中借助纸片平移、翻折、旋转、剪拼等操作活动，在认知和非认知因素的参与下进行的一种理解数学知识、猜想数学结论、探索与验证数学结果的思维活动。纸片类实验资源主要包含普通纸、打印纸、（半）透明纸、卡纸、硬纸板、KT泡沫板等。在日常教学中开发、创新纸片类数学实验方案，比较贴近学生的生活实际，符合学生的一般认知，能够有效激发学生学习数学的兴趣，优化学生学习数学的方式，发展学生的几何直观能力，提高学生的空间想象能力，让学生积累数学活动经验，培养高品质的数学思维，实现提升学生数学核心素养的学科目标。本章除了研究、开发纸片类实验资源外，还会对实物类实验资源中的套尺类、模型类进行开发，分别从实物验证类、实物探究类、实物理解类三个方面展示数学实验的开发成果，这些内容均为创新性实践案例，所有案例都会回答“为什么开发该实验案例”“这个实验案例能解决什么问题”“通过案例教学能够实现什么目标”。希望这些实验案例对推动初中数学实验教学的常态化实施有一定价值，也期待更多的教师加入初中数学实验创新案例的设计和实施中来。

2.1 纸片类

2.1.1 纸片验证类数学实验

验证类数学实验的核心体现在“验证”上。该类型的数学实验主要是让学生通过动手做实验，在实验操作中观察数学现象，分析数学知识的产生过程，从而检验数学结论正确与否，或者检验自己的猜想是否科学、合理的一种实践活动。纸片类数学实验是在学生操作纸片的实验环境下，利用实验工具纸片好取材、易操作等特点对数学结论进行证实或证伪。验证类数学实验具有学生兴趣高、思维起点低等特征，一般的实施流程如图1所示。

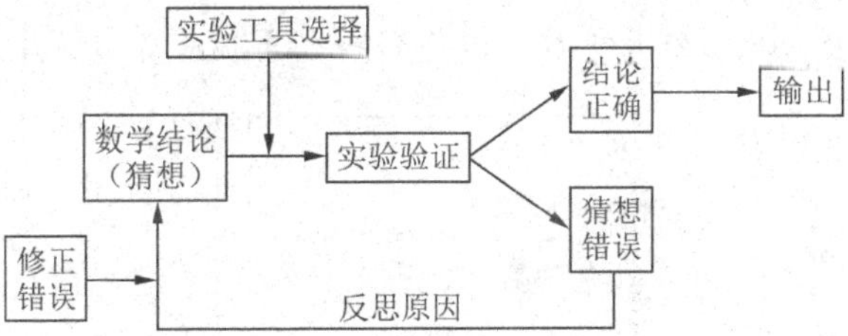

图 1

下面将借助几个数学实验教学案例，对纸片验证类数学实验的实施架构予以阐述。其目的是抛砖引玉，期待能够涌现出更多、更好的实验教学案例。

数学实验教学案例一

等腰三角形的轴对称性

1. 实验内容分析

“等腰三角形的轴对称性”是苏科版义务教育教科书《数学》八年级上册第2章第5节的内容，主要是让学生在理解等腰三角形轴对称性的基础上得到等腰三角形的性质“等边对等角”和“三线合一”。学生在此之前已经学习了轴对称和轴对称图形，掌握了轴对称的性质，并且知道矩形、线段等几何图形是轴对称图形，为本数学实验活动奠定了知识基础。

该数学实验活动是从折叠矩形纸片得到等腰三角形开始的，因为矩形是轴对称图形，而且学生已经掌握了矩形的性质，所以在实验操作的过程中不会有难度。接下来是折叠任意三角形纸片得到等腰三角形，主要是利用线段的轴对称性和线段的中垂线性质定理。最后是折叠毛边纸得到等腰三角形。先折叠毛边纸得到线段，再折出线段的垂线，最后折双层全等的直角三角形，展开后得到等腰三角形。

2. 数学实验过程设计

【实验目的】 通过折叠纸片，剪出等腰三角形，再利用等腰三角形纸片验证等腰三角形的性质“等边对等角”“三线合一”。

【实验工具】 矩形纸片、任意三角形纸片、毛边纸、直尺、剪刀、铅笔。

【实验内容】

活动1 折矩形纸片剪得等腰三角形

(1) 用如图2所示的矩形纸片折出等腰三角形。

(2) 从折叠的矩形纸片上剪一刀得到一个等腰三角形纸片。

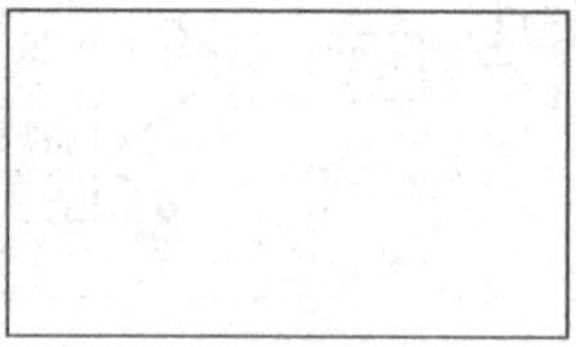

图2

【设计意图】 活动1主要是利用矩形的轴对称性折叠纸片，再根据折痕剪出等腰三角形纸片。如图3所示，矩形的轴对称性是剪出等腰三角形的关键。学生需要掌握矩形的轴对称性，借助对称性得到双层纸，这样才能剪出等腰三角形纸片。

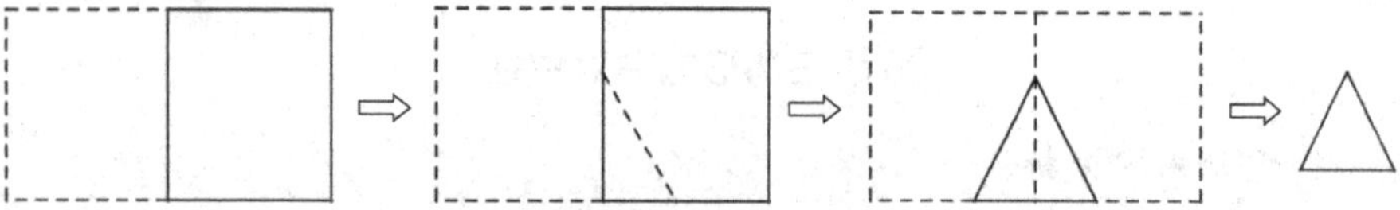

图3

活动2 折任意三角形纸片剪得等腰三角形

(1) 用如图4所示的任意三角形纸片先折出等腰三角形折痕。

(2) 从折叠的纸片上剪得一个等腰三角形纸片。

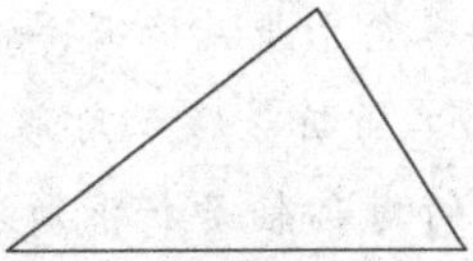

图 4

【设计意图】 如图 5 所示，利用任意三角形边的轴对称性折叠纸片，得到线段中垂线的折痕。根据线段的中垂线性质得中垂线与另一边的交点到线段两端点的距离相等，再次折叠得到折痕，从而剪出等腰三角形纸片。

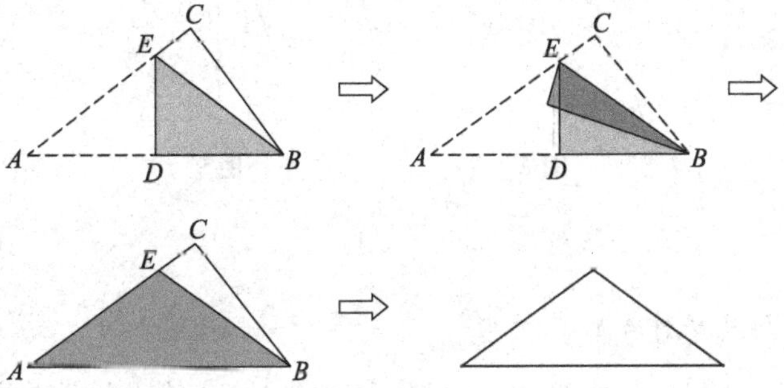

图 5

活动 3 折毛边纸片剪得等腰三角形

(1) 用如图 6 所示的毛边纸片先折出等腰三角形折痕。

(2) 从折叠的纸片上剪得一个等腰三角形纸片。

【设计意图】 如图 6 所示，将毛边纸折叠一次得到一条边，再将得到的双层纸按图 7 所示折叠，展开就得到等腰三角形折痕，从而剪出等腰三角形纸片（图 7）。

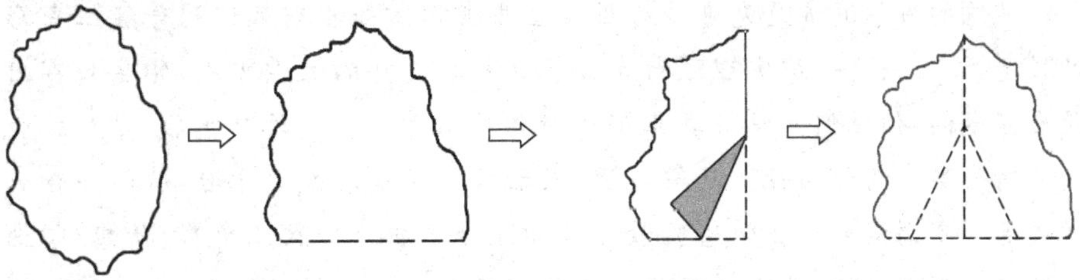

图 6　　　　　　　　　　　　　　图 7

活动 4 猜想和验证

(1) 猜想：如图 8 所示的等腰三角形纸片是轴对称图形吗？对称轴是什么？

(2) 验证:通过折叠等腰三角形纸片能够得到哪些结论?并予以说理。

【设计意图】 如图 9 所示,对折等腰三角形纸片,可以直观地观察到"等腰三角形是轴对称图形",它的对称轴是折痕所在的直线。学生通过观察可以得到"两底角重合即相等""底边上的高线、顶角的平分线、底边上的中线合一"(简称"三线合一")。要引导学生对这些结论给出说理或证明。

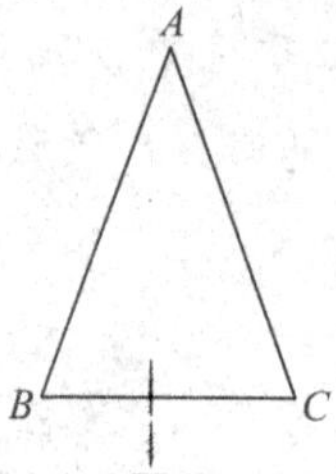

图 8

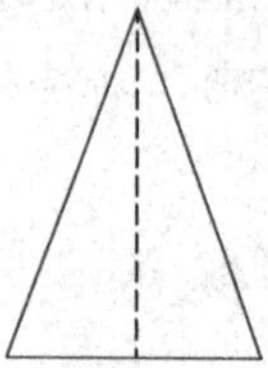
图 9

活动 5 用尺规作等腰三角形

如图 10 所示,已知线段 a,h,以线段 a 为底,底边上的高为 h,作等腰三角形。

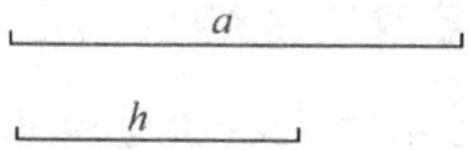

图 10

【设计意图】 设计尺规作图活动的主要目的是让学生将本节课所学习的知识与能力转化为数学核心素养。

3. 数学实验教学反思

传统的教学通常是先直接告诉学生或者用演绎推理来证明等腰三角形的性质,然后围绕性质定理进行重复性训练。这样的教学方式,学生短期内是会做题的,但他们并没有真正形成数学核心素养。一段时间后,学生就会因为对等腰三角形的性质理解不透,而影响接下来的知识学习,从而导致数学素养得不到提升。数学实验教学使学生经历折叠等腰三角形,猜想、归纳等腰三角形的性质,进而探明猜想并论证猜想的正确性的过程,再借助尺规作图训练,学生能结合前面学习的等腰三角形的性质进行实际操作。整个学习过程符合学生的认知规律,尊重知识的产生过程,遵循数学实验活动的逻辑顺序,由浅入深、循序渐进。学生在数学实验活动中能细细体会数学知识的产生过程,数学学习活动顺畅自然。

数学实验教学案例二

拼图与乘法公式

1. 实验内容分析

通过拼图活动，验证完全平方公式、平方差公式和勾股定理，感受数形结合思想。通过数学活动，学生经历从具体问题抽象出数学问题—建立模型—综合运用已有的知识解决问题的过程，养成独立思考和小组合作的习惯，借助图形初步形成几何直观和符号意识，体会数和形的相互转化，提高把实际问题转化为数学问题的能力，加深对数学知识的理解，增强应用数学的能力。

学生通过拼图实验活动，经历观察、比较、计算、推理、交流等活动，发展有条理的思考和表达能力，增强求知欲，体验成功的喜悦，积累研究问题的方法和经验，养成认真勤奋、独立思考、合作交流、反思质疑的学习习惯。

2. 数学实验过程设计

【实验目的】 通过数学实验操作活动，借助正方形纸片拼图，验证完全平方公式、平方差公式、勾股定理，感悟几何直观，建立符号意识，体会数和形的相互转化。

【实验工具】 不同边长的正方纸片、矩形纸片、小剪刀、铅笔。

【实验内容】

活动 1 操作与观察

(1) 请用图 11 所示的若干张正方形和矩形拼图，使拼得的几何图形的面积为$(a+b)^2$，并说说你的拼图方法。

(2) 请说说完全平方公式$(a+b)^2$ 的几何意义。

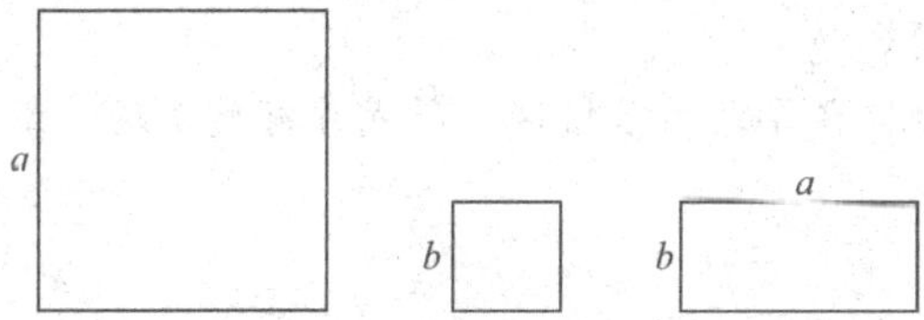

图 11

【设计意图】 学生通过拼图，利用几何图形的面积的不同表示形式，推出完全平方公式，并根据拼图过程，感悟完全平方公式的几何意义。

活动 2 剪拼与尝试

(1) 如图 12 所示是一张长 $a+b$、宽 $a-b$ 的矩形纸片($a>b$),能通过先剪后拼的方式将其变为一个正方形吗?请说明理由。

(2) 请结合剪拼实验,说明 a^2-b^2 的几何意义。

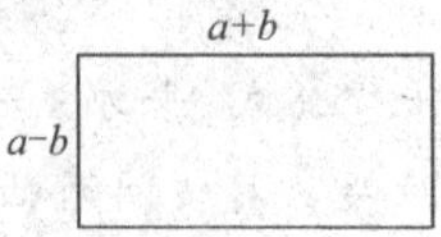

图 12

【设计意图】 学生通过剪拼图形,利用拼图面积的不同表示形式,探究平方差公式的几何意义,培养数学探究意识及主动思辨的习惯。

活动 3 猜想与说理

(1) 尝试用边长分别为 a,b 的正方形和邻边长是 a 和 b 的矩形若干个,拼出面积为 $a^2+4ab+3b^2$ 的几何图形,与同学交流你的拼图方法。

(2) 猜想:能用边长分别为 a,b 的正方形和邻边长是 a 和 b 的矩形若干个,拼出面积为 $a^2+4ab+b^2$ 的图形吗?如果能,请说明拼图方法;如果不能,请说明理由。

【设计意图】 利用拼图的“形”解决提公因式和套公式所不能解决的“数”的问题,引导学生体会由数到形再到数的转化,感悟数形结合的数学思想,发展有条理地思考和表达的能力。

活动 4 发现与感悟

(1) 用两个边长分别为 a,b,c 的直角三角形和一个两条直角边都是 c 的直角三角形拼成一个新的图形,如图 13 所示,请用不同的方法计算这个图形的面积。

(2) 你能得出什么等式?根据这个等式你有何发现?请与其他同学交流你的想法。

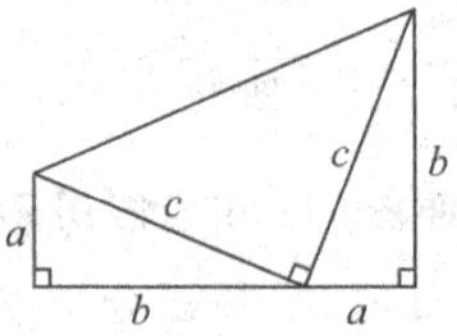

图 13

【设计意图】 运用同一个图形的面积的不同表示方式，探究勾股定理的证明方法。

3. 数学实验教学反思

整式乘法属于“数与代数”板块中的“多项式的乘法运算”。传统的课堂教学基本是按照教材的建议进行教学，也就是运用“乘法分配律”和单项式乘单项式这两种运算进行推理，最终得出运算公式。很多学生在学完公式后都会运用它来解决问题，但一旦需要灵活使用乘法公式，或者把乘法公式与其他知识综合应用，就力不从心了。这充分表明，学生对于乘法公式并没有真正掌握，对于乘法公式的产生过程以及公式的合理性并没有充分认识。上述数学实验教学案例可以帮助学生很好地解决这些问题。学生通过操作各种形状的纸片，在数学思维的指引下，利用纸片的几何直观功能，在实操环境下逐步验证、理解、掌握乘法公式。学生的数学理解能力、逻辑思维能力以及数学素养都会得到全面提升。同时，在数学实验活动中，学生之间相互协作、交流，思维产生碰撞，每个人都有所收获，因而数学学科“立德树人”的目标在数学实验活动中自然扎根。

数学实验教学案例三

一元二次方程的配方法

1. 实验内容分析

“一元二次方程”是苏科版义务教育教科书《数学》九年级上册第1章的内容，在一元一次方程和二元一次方程的内容之后。配方法是学生在解一元二次方程时学到的第二种解法。该方法以直接开平方法为基础，是对完全平方公式的熟练应用。学生接下来学习的求根公式法就是配方法的一般化和程式化，可见一元二次方程的配方法具有十分重要的意义。但是，在教学中发现，有很多学生对教材中给出的配方法不理解，甚至根本不会将其运用到解题中。鉴于此，我们开展了使用纸片验证配方法的数学实验教学活动。本教学案例通过引导学生动手剪拼纸片，动脑思考问题，在一个个数学实验活动中，感悟一元二次方程配方法的内涵，学会如何运用配方法解一元二次方程。

2. 数学实验教学设计

【实验目的】 运用拼图活动，由图形的面积关系验证一元二次方程的配方法，产生直观认识。学生经历操作、观察、思考等认知活动，感悟数学思想。

【实验工具】 长比宽多 2 cm、面积为 24 cm^2 的矩形纸片，边长为 1 cm 的正方形纸片。

【实验内容】

活动 1 做一做

(1) 将如图 14 所示的矩形分割成一个边长为 x cm 的正方形和两个长为 x cm、宽为 1 cm 的矩形。

(2) 将分割出的图形与边长为 1 cm 的小正方形拼成一个大正方形。

(3) 你能根据拼得的图形算出 x 的值吗？

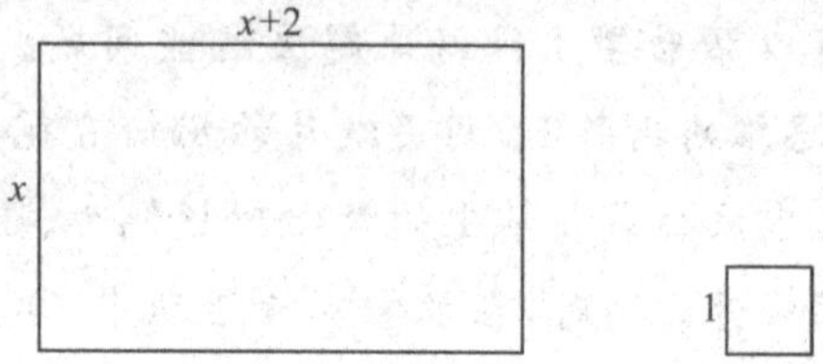

图 14

【设计意图】 学生通过"做一做"活动，把矩形纸片先分割为如图 15 所示的一张边长为 x cm 的正方形纸片和两张长为 x cm、宽为 1 cm 的矩形纸片，再拼成图 16，发现只要补一个边长为 1 cm 的小正方形，就构成一个完整的边长为 $(x+1)$cm 的正方形，而且该正方形的面积是 25 cm^2。根据面积列出方程，利用直接开平方法就能够求得 x 的值。这个数学实验操作的主要目的是让学生初步使用配方法，在操作过程中用几何图形验证配方法。

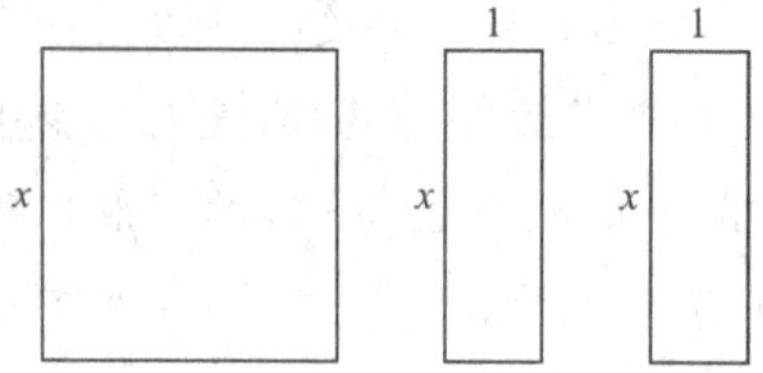

图 15

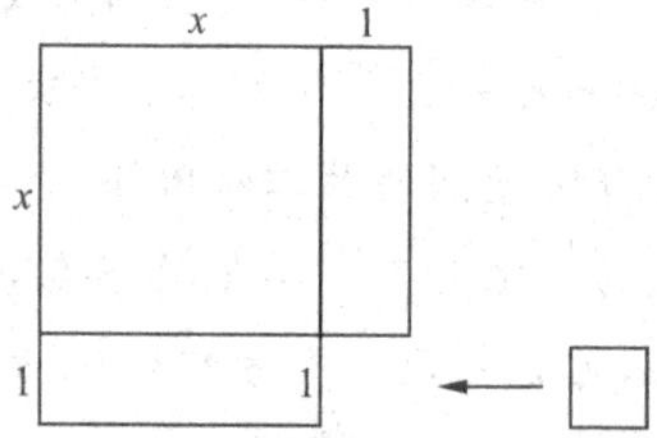

图 16

活动 2 试一试

如图 17 所示是一块矩形草地，长比宽多 6 m，面积为 55 m^2，你知道该草地的宽是多少米吗？尝试设计方案并画图说明。

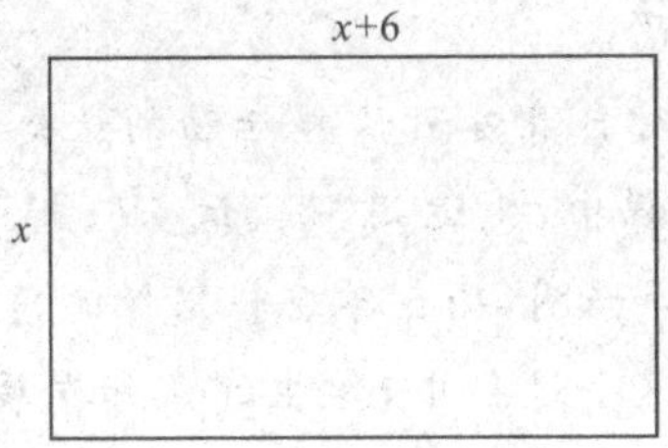

图 17

【设计意图】 该实验活动是让学生动手画图。数学源于生活,最终还是要回归到生活中。该活动设计了计算这块矩形草地边长的问题。学生通过数学学习能够解决生活中的问题,也是对第一个数学实验活动“做一做”的延伸。

活动3 议一议

现有面积为 $x^2+bx(b>0)$ 的矩形,怎样拼图能得到一个大正方形呢?

【设计意图】 该活动遵循数学研究的一般规律,从特殊到一般。这个环节就是将前面两个环节出现的数学问题中的数字变成字母,使数学问题的研究一般化、规律化。学生通过解决这个问题,为接下来用配方法解决一元二次方程做铺垫。

活动4 想一想

如何用几何法解 $x^2-7x-60=0$ 呢? 请画图说明。

【设计意图】 活动 4 是本数学实验教学的一个核心环节。学生要想解决这个问题,不仅要掌握前三个教学环节的活动经验,还要学会借助几何图形研究配方法。这些都对学生的学习能力、数学思维能力、几何直观能力提出挑战。

活动5 总结规律

对于形如 $x^2+bx+c=0$ 的方程,如何转化为 $(x+n)^2=p(p\geqslant 0)$ 完全平方的形式? 写出证明。

【设计意图】 任何学科的教学都要引导学生进行知识总结,数学实验的教学也不例外。学生通过本节课的学习掌握了一元二次方程的配方解法,特别是在几何直观的辅助下验证与使用配方法,将对配方法有更深层次的理解和感悟。

3. 数学实验教学反思

元认知是认知主体对自身各种认知活动的认知。在用数学实验验证一元二次方程配方法的过程中，先运用“做、试、议、想”进行数学归纳，再通过“总结规律”引导学生演绎证明，从数学逻辑思维的角度检验了配方法的正确性、合理性、一般性。在这个过程中，学生的认知发展经历了具身性操作（如做一做、试一试）、观察、验证（如设计方案并画图说明）、思考（如议一议、想一想）等，数学实验活动也随之由感性上升至理性。学生作为认知活动的主体，其元认知时刻参与自身的所有认知计划、认知策略、认知过程与结果。由此可见，验证类数学实验教学是学生在实验工具支撑下的认知活动，并且认知主体全程会对自身的各种认知实施监控、调节，即用元认知管理主体的认知内容和认知体验，以保证数学实验活动得到的数学结论向明确的方向发展。

2.1.2 纸片探究类数学实验

探究类数学实验一般是指在教师的问题引导下，学生通过动手操作实验工具，发现新的数学结论的实践活动。纸片探究类数学实验就是指学生用于操作、观察、类比等探究性活动的实验工具是纸片，即数学创新性知识在学生操作纸片做数学实验的过程中产生。这类数学实验具有过程开放、生成度高、探索性强等特征，其实施流程如图1所示。

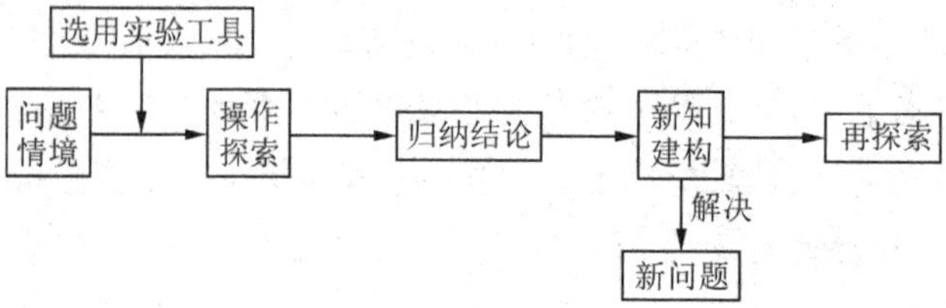

图1

纸片探究类数学实验首先要有值得探究的问题，这样才能调动学生探究的积极性、主动性；其次需要教师设计恰当的问题情境，学生在问题情境的激发下运用实验工具动手做、用眼观察、动脑思考，全身心投入；最后要发现新结论，为构建新知奠定扎实的基础。

数学实验教学案例一

探究最小覆盖圆

1. 实验内容分析

本实验案例是为苏科版义务教育教科书《数学》九年级上册"圆"这一章的学习而设计的，实验过程需要用到的数学知识包括圆周角、确定圆的条件、点与圆的位置关系等。学生在数学实验活动中通过对线段、三角形的最小覆盖圆的探究，类比、探索四边形的最小覆盖圆问题。在数学思维的指引下，学生经历完整的探究过程。在"做"数学的过程中，蕴含着数学分类思想、数形结合思想、从特殊到一般思想、转化与化归思想等。学生在数学探究中学会合作与交流，善于发现问题、提出问题、分析问题并解决问题，探究数学知识的形成过程，激活数学思维，提升数学核心素养。

2. 数学实验过程设计

【实验目的】 学生经历最小覆盖圆的探究过程，先探究线段的最小覆盖圆、三角形的最小覆盖圆，积累一定的探究经验和数学活动经验，再探究四边形的最小覆盖圆问题，在数学实验探究活动中发展推理能力、数学归纳能力，形成较主动的数学探究意识，提升数学核心素养。

【实验准备】 铅笔、透明纸、刻度尺、圆规、普通纸。

【实验内容】

活动1 设疑激趣

某地有四个村庄 E,F,G,H，位置如图2所示。现在拟建造一个电视信号中转站，为了使这四个村庄的居民都能接收到电视信号，并且使中转站的功率最小(距离越小，所需功率越小)，此中转站应该建在何处？请说明理由。

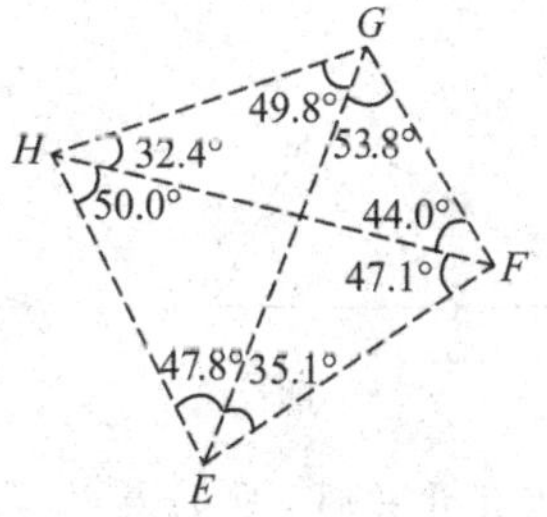

图2

【设计意图】 这是一个现实情境问题，贴近学生的生活实际。类似的例子，如学生家中网络信号源的选址问题。这有利于激发学生数学探究的积极性，为接下来的数学实验探究活动做好铺垫。

活动2 覆盖线段

(1) 已知如图3所示的线段AB。

(2) 请使用圆规、铅笔、直尺在透明纸上画一个圆，将线段AB覆盖。

(3) 请画出能够覆盖这条线段的最小圆，并给它取一个名字，对其他同学说说你是怎样做到的。

图3

【设计意图】 线段的最小覆盖圆是该数学实验的知识基础。学生需要通过数学实验寻找线段的最小覆盖圆，在透明纸上画圆时，确定这个圆的圆心是关键。如图4所示，学生经历对比、探索、归纳等过程，为探究其他几何图形的最小覆盖圆夯实基础。

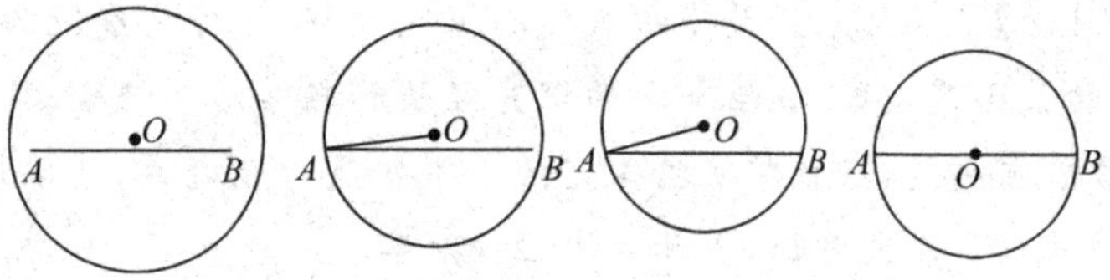

图4

活动3 覆盖任意三角形

(1) 如图5所示，分别是锐角三角形、直角三角形、钝角三角形。

(2) 请用直尺、圆规在透明纸上画圆，使这个圆是该三角形的最小覆盖圆。

(3) 结合探究过程，给大家分享一下你的画图过程及经验。

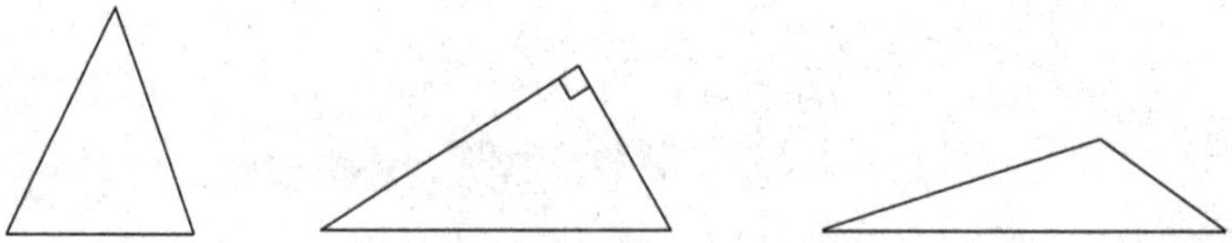

图5

【设计意图】 本活动具有开放性，目的是让学生在已经掌握线段覆盖圆的基础上，进行再实验、再探究。三角形的最小覆盖圆问题，要将三角形分为三类进行探究，首先会过两点进行覆盖，这时就要考虑第三个点是在圆内、圆外，还是圆上，能不能全覆盖。这就与学生已经掌握的三角形的外接圆产生认知冲突。所以在数学实验的过程中，特别要强调数学活动经验的积累，为接下来四边形最小覆盖圆的探究做铺垫。

活动 4 覆盖四边形

(1) 如图 6 所示是任意四边形。

(2) 请用直尺、圆规在透明纸上画圆，使这个圆是该四边形的最小覆盖圆。

(3) 如图 7 所示，如果拖动其中一个点，改变四边形的形状，又该怎样确定这个最小覆盖圆呢？假如拖动其中两个点呢？

(4) 结合探究过程，给大家分享一下你的画图经验。

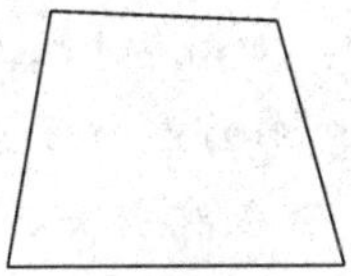

图 6

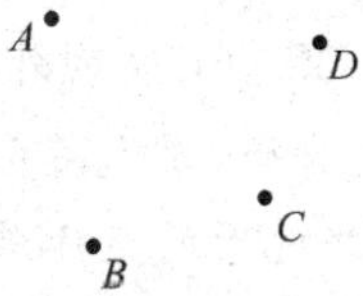

图 7

【设计意图】 从覆盖三个点的最小圆，到覆盖四个点的最小圆，表面上看只是增加了一个点而已，其实对学生的数学活动经验的要求特别高。对于图 6 所示的最小覆盖圆，学生在画图时肯定会借助前面对任意三角形最小覆盖圆的探究经验，但是对于图 7 所示的问题就会出现各种思维或活动经验障碍了。很多学生认为，确定四边形的最小覆盖圆问题，就是要找到这个四边形的外接圆，但这个四边形的对角并不互补，因此最科学、合理的方法，就是先找到距离最远的两个点，在这条线段上取得圆心的位置，然后再考虑第三个点是不是在圆上或圆内，最后才能再次考虑第四个点的位置。至此，学生的数学思维、数学活动经验和数学探究能力都达到了一个新的高度。

活动 5 深度探究

如图 8 所示，在四边形 $ABCD$ 中，$\angle A+\angle C>180^{\circ}$，$\angle A>90^{\circ}>\angle C$。

求证：$\triangle BCD$ 的外接圆为覆盖四边形 $ABCD$ 的最小覆盖圆。

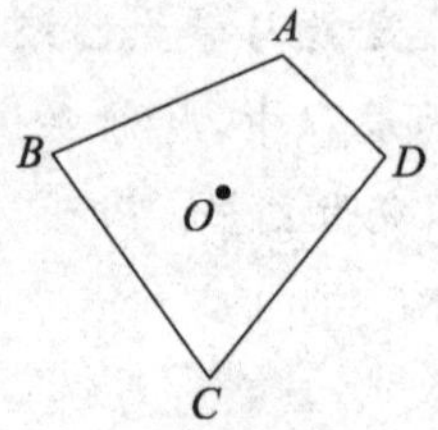

图 8

【设计意图】 如图 9(a)所示，假设点 A 在 $\triangle BCD$ 的外接圆的外部，在弧 BD 上取一点 E，连接 BE，DE，并延长 BE 交 AD 于点 F。$\angle BFD$ 是 $\triangle ABF$ 的外角，所以 $\angle BFD > \angle A$。同理，$\angle BED > \angle BFD$，所以 $\angle BED > \angle A$。因为四边形 $BCDE$ 是 $\triangle BCD$ 的外接圆的内接四边形，所以 $\angle BED + \angle C = 180^\circ$，所以 $\angle A + \angle C < 180^\circ$。又因为条件 $\angle A + \angle C > 180^\circ$，两者矛盾，假设不成立，所以点 A 在 $\triangle BCD$ 的外接圆的内部。如图 9(b)、图 9(c)所示，可以证明圆 O_1 比圆 O_2 要小，因此圆 O_1 是这个四边形的最小覆盖圆。

经验小结：作四边形的最小覆盖圆，首先考虑距离最远的两个点的最小覆盖圆能否覆盖另外两个点，若不满足条件，则考虑覆盖三个点的最小覆盖圆能否覆盖第四个点。

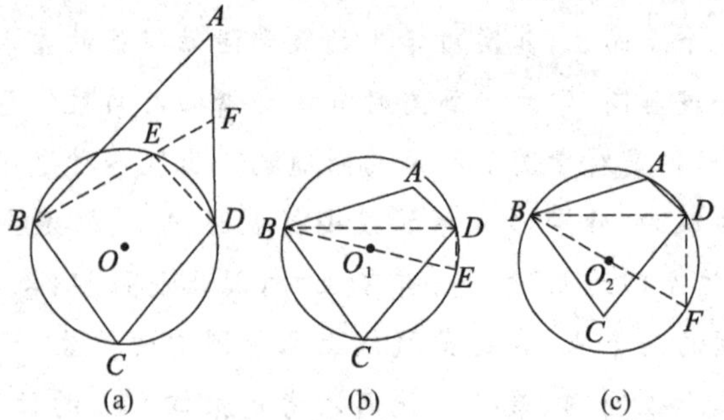

图 9

3. 数学实验教学反思

数学实验的目的是引导学生经历数学知识产生、形成、展开和应用的全过程，在数学实验中感受、体验和理解数学，获得“四基”，形成“四能”。从本实验案例可以发现，在整个学习过程中，数学实验是数学知识探究的主要载体。当面对一个需要解决的问题时，教师会引导学生开展数学实验，通过探究解决问题，如果一次实验解决不了问题，则要求进行反复实验。当学生积累了一定的数学经验后，通过推理、归纳得出一些数学结论，再用数学实验予以验证。最后还会让学生将逻辑推理或操作的经验进行整合，形成方法或规律。这样的习惯对学生今后的学习将产生较深远的影响。

数学实验教学案例二

打印纸中的数学

1. 实验内容分析

本实验内容是为学习苏科版义务教育教科书《数学》八年级上册4.3"实数"而设计的。数字对于学生来说是抽象的，但它却实实在在地存在于我们的实际生活中。学生对无理数的理解则更加困难。什么是无理数？它具有怎样的特征呢？这些问题就要在数学实验活动中，利用手中的纸片进行探索。学生通过对A4纸的一系列探索活动，感悟无理数的存在、表示方式等。

2. 数学实验过程设计

【实验目的】 学生经历数学实验的探究过程，感受A4打印纸中的数学知识，体会无理数就存在于我们的现实生活中。将研究方法一般化，从而研究系列打印纸中包含的数学知识。

【实验准备】 A4，A3打印纸，刻度尺，计算器。

【实验内容】

活动1 度量与计算

(1) 请量出A4打印纸的长和宽。

(2) 根据量出的数据，计算其长与宽的近似比值，并猜想A4打印纸长与宽的比的精确值。

(3) 怎样说明你的猜想是正确的呢？请尝试一下。

【设计意图】 从最常见的A4打印纸入手，运用测量的手段，关注研究对象最基本的数量关系。设计的起点低，每个学生都能够做到并做好。学生可以独立体验测量、计算、观察、比较、迁移等实验活动，养成独立探究、独立思考的习惯。学生初步感知A4打印纸的两条边长之间具有某种数量关系，并且这个数字是一个不能整除的数。

活动2 折一折，说一说

(1) 能用折叠的方式来探究你的猜想是否正确吗？说明你的操作理由。

(2) 你能说出A3纸的长与宽的比值吗？A5纸的长与宽之比呢？请证明你的猜想。

【设计意图】 借助折叠A4打印纸的亲身体验，让学生继续研究A3打印纸的长与宽之比，这个实验活动的设置给学生更加广阔的思维空间。很多学生依然沿用活动1的研究方法即测量法，先测量A3打印纸的长和宽，再计算。当然也有部分学生没有使用测量的方法，而是选择折叠的方式。学生通过折叠法已经得到了A4打印纸的长与宽的比值为$\sqrt{2}$，所以使用同样的方法可得到A3打印纸的长与宽的比值也是$\sqrt{2}$，由此就大胆地提出了猜想"所有A型打印纸的长与宽的比值都是$\sqrt{2}$"。

活动3 思一思，想一想

(1) 你能猜出所有A型纸的长与宽的比值吗？并说出它们之间的关系。

(2) 为什么A型打印纸被称为标准纸？

(3) 请你根据以上分析，思考为什么计算机显示器长与宽的比设计成16∶9。猜想电影幕布的尺寸，并说说你的理由。

(4) 你能运用本节课学到的方法，继续探究生活中K型、B型纸的长与宽的比值吗？K型、B型系列纸之间是不是也具有某种规律呢？请同学们在课后开展探究并交流。

【设计意图】 以A型打印纸作为实验活动的载体，帮助学生搭建图形转化的桥梁。学生通过实践已经知道了A4，A3打印纸的长与宽的比值均为$\sqrt{2}$。于是教师提出问题，引导学生根据研究经验提出猜想，并验证猜想的合理性。接着再引发学生思考A型打印纸为什么称为标准纸。当提出问题"为什么计算机显示器长与宽的比设计成16∶9呢？"学生根据研究A型打印纸的活动经验，自然十分容易理解这个问题了。这个结论的获得并没有让数学实验活动戛然而止，而是进一步让学生将学到的知识和研究数学问题的能力发生迁移，继续研究B型、K型打印纸的长与宽的比值是多少。这既是对数学知识的迁移，又是对学生数学学习力的提升。

3. 数学实验教学反思

史宁中教授说过"世界上有很多东西是不可传递的，只能靠亲身经历"。数学实验教学就是让学生亲身经历知识形成的过程，数学学习就是将外在的知识内化为个体的认知结构，新知识要依靠自身去建构。无理数的存在性对于八年级的学生来说是较抽象的，如何能让学生看得见、摸得着、亲体验呢？教师运用探索型数学实验教学，根据知识学习目标设计恰当的问题，用问题引导学生开展探究活动，在问题探究中加速知识建构与内化。该数学实验从学生最常见的A4打印纸入手，先用刻度尺“量”它的长与宽，求出长与宽比值的近似值，再用“折”使比值$\sqrt{2}$这个无理数直观显现，让学生体验到无理数的真实存在性。然后从A4纸迁移到所有的A型纸，通过实验活动使知识内化。最后在问题的激发下，学生将研究方法应用到B型、K型纸的探究中。探索型数学实验教学用“探索”和“研究”使学生在“知识怎么来”“知识是什么”“知识去哪里”的活动中完成知识的建构，在“怎样发现”“如何研究”问题中实现方法的建构，全面有效地培养了学生的知识建构能力。

数学实验教学案例三

折正多边形

1. 实验内容分析

本实验是为苏科版义务教育教科书《数学》八年级下册9.4“矩形、菱形、正方形”而设计。首先，通过折长方形细纸条得到V字结构，观察并判断三角形的形状，利用等腰三角形的判定方法加以说明。其次，将两张等宽的长方形纸条叠放，得到重叠部分一定是菱形，再利用“等积法”得到四边形的邻边相等，从而利用菱形的判定方法加以说明。然后通过折叠长方形塑料透明细纸条，运用前面发现的两个结论和菱形的对称性来证明五边形是正五边形，从而揭示折叠的本质。最后，用两张长方形细纸条折正六边形，一张长方形细纸条折正七边形，两张长方形细纸条折正八边形，发展学生的空间观念、推理能力、模型思想，从而得到结论：正奇数边形可以由一张长方形细纸条折成；正偶数边形可以由两张长方形细纸条折成。

2. 数学实验过程设计

【实验目的】 经历用长方形细纸条折出正五边形结、正六边形结、正七边形结等活动，进一步加强对正多边形概念的理解，发展学生的空间观念、几何直观思维、推理能力、模型思想等。

【实验准备】 等宽的长方形细纸条、等宽的长方形塑料透明细纸条若干(要求长方形纸条足够长)。

【实验内容】

活动1 操作与说理

(1) 用一张如图10所示的长方形细纸条$ABCD$折出一个V字形(图11)，重叠的区域是等腰三角形，试说明理由。

(2) 将两张等宽的长方形细纸条按照图 12 所示的位置叠放，重叠区域的四边形 $ABCD$ 为菱形，试说明理由。

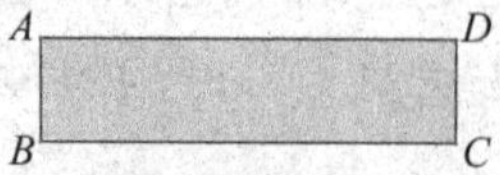

图 10

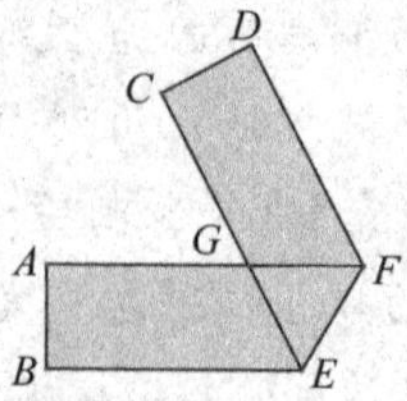

图 11

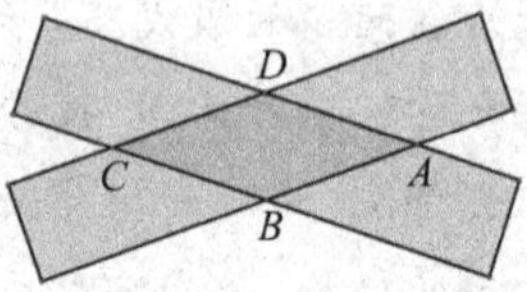

图 12

【设计意图】 用一张纸带折 V 字形有两个目的：一是巩固等腰三角形的判断方法，为后面的说理做准备；二是为数学实验的操作做准备，为接下来的单、双张纸带折叠操作做铺垫。两张等宽纸带叠成菱形，主要是利用"等积法"和菱形的判定定理。这里只要将两条纸带调整一定的角度，变为互相垂直，就可以得到一个正方形，即正四边形。

活动 2 观察与说理

(1) 用长方形细纸条按照图 13、图 14 所示的方式打结、拉紧、压平（此处使用透明纸折叠），猜想五边形的类型。

(2) 试说明图 15 中的五边形 $ABCDE$ 是正五边形。

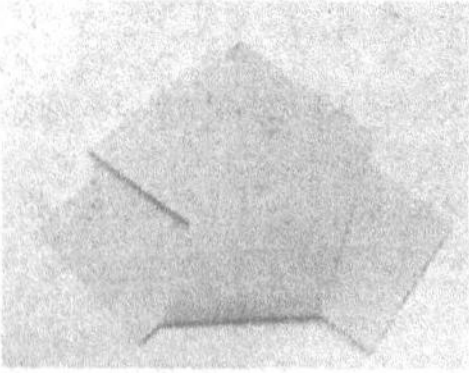

图 13

图 14

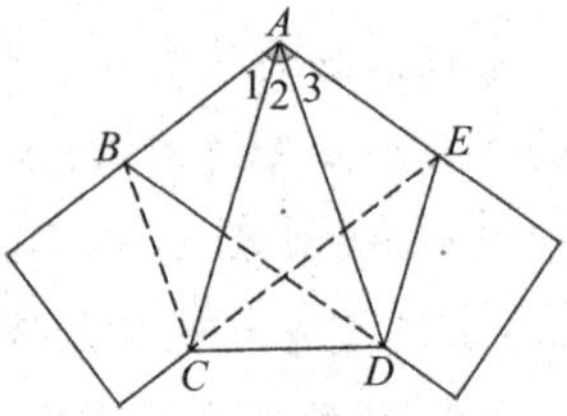

图 15

【设计意图】 通过一张纸带折叠出五边形，第一步的操作与教材上的要求基本一致，主要是为了揭示正奇数边形的折叠规律。第二步的说理才是这个环节的关键，需要学生借助已有的数学知识，灵活运用一些数学方法、数学思想，这也是为后面证明正七边形做好知识储备。

活动 3 创新与证明

(1) 创新：请用一张长方形细纸条折叠、打结、拉紧、压平，使得到的多边形是正七边形。展示你的作品，并将作品与同学交流。

(2) 证明：请向同学证明该多边形是正七边形。

【设计意图】 折叠七边形的方法如图16所示，这里仍要求用一张纸带。学生需要借助折五边形的活动经验。如图17所示，证明这个多边形是正七边形的说理过程既是该教学环节的核心，也是数学实验操作的难点，一定要让学生弄明白其中的数学原理，这是让学生根据数学实验结果归纳数学规律的重要依据。

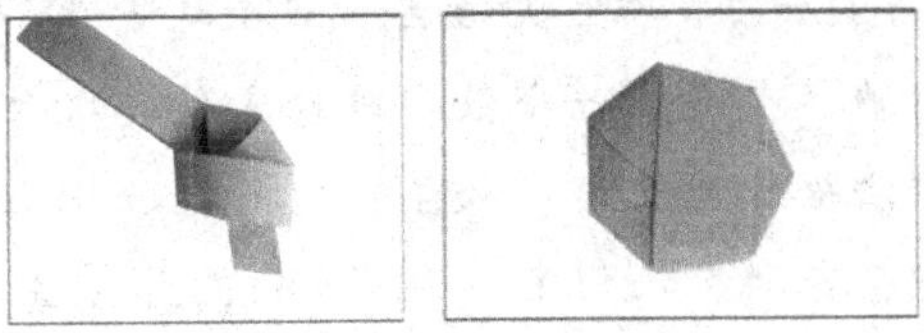

图16

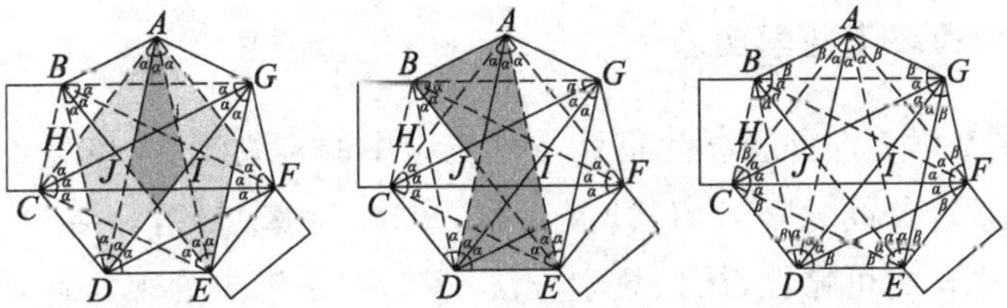

图17

活动4 操作与说理

(1) 操作：用等宽的两张长方形细纸条按照图18所示的方式打结、拉紧、压平。

(2) 试说明图19中的六边形是正六边形。

(3) 你能用等宽的纸带折出更多的正多边形吗？尝试后与其他同学分享、交流。

图18

图19

【设计意图】 用两张等宽纸带折叠正六边形，与前面的折叠正五边形、正七边形进行对比，让学生知道折叠正偶数边形需要两张等宽纸带，而折叠正奇数边形则只需要一张纸带。操作与说理同样重要。教师应引导学生联想到折叠正四边形也需要用两张等宽的纸带，给学生寻找规律埋下伏笔。

3. 数学实验教学反思

学生在数学实验活动中不是被动地接受知识，而是从自身的数学知识、能力、经验的角度出发，变“听数学”为“做数学”，变“想数学”为“动手操作”，所有的数学知识均在操作、观察、猜想、验证中产生，不是空想或机械接受，而是主动探究。本实验案例中，学生从始至终都在动手做，在解决一个个数学问题中不断总结、归纳。在得出一个数学结论或猜想之后，学生要动手操作并进行思考，寻找方法给予验证。在数学实验的过程中，适当结合信息技术对实验结果进行动态演示和几何直观展示，能提升学生的几何观念、空间观念。

2.1.3 纸片理解类数学实验

理解类数学实验是指学生借助数学实验中的实物工具、模型或信息技术等，针对数学现象或数学事实，开展观察、测量、运算、归纳等活动，从而体验数学知识、原理的可靠性，认识数学方法，理解数学思想的现实背景。纸片理解类数学实验顾名思义是指学生在做数学实验时借助的实验工具是纸片，这类数学实验的实施流程如图 1 所示。

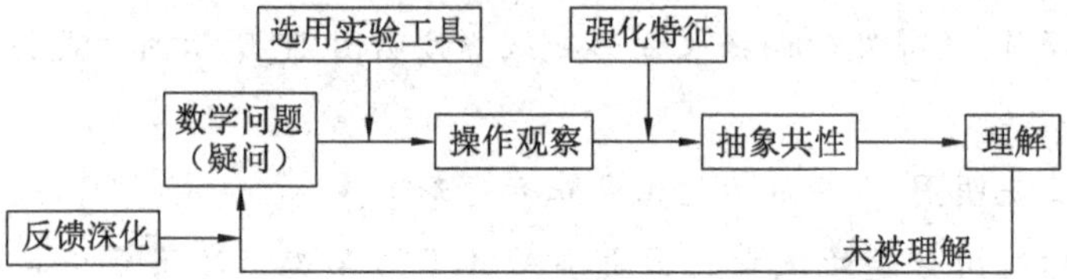

图 1

纸片理解类数学实验操作十分简单且可重复，内容设计比较贴近学生的认知发展区，因此这类实验生动、高效。学生通过对实验工具的数学化操作，实现对数学概念、原理和事实的理解。

数学实验教学案例一

认识黄金矩形

1. 实验教学内容分析

黄金分割、黄金比是九年级学生在“图形的相似”这一章学习的内容。黄金分割给人以美与和谐的感受，被广泛应用于建筑设计、工艺品设计以及日常设计中。人们通过作图得到长与宽之比为黄金比的矩形，即黄金矩形。黄金矩形问题就是黄金分割在设计图形中的一个应用。在数学实验的过程中，学生通过画图、折纸、剪拼等活动，充分感悟数学之美，认识数学源于生活，并服务于生活，学会欣赏和尊重数学文化，增强学好数学的信心。

2. 数学实验过程设计

【实验目的】 先通过作图画黄金矩形，再通过折纸折黄金矩形，学生在数学探究中理解黄金分割、黄金比。在数学实验中，学生应用知识，探索问题，培养探究能力与创新精神，积累数学活动经验。

【实验准备】 网格纸、正方形纸片、矩形纸片、铅笔、直尺、剪刀。

【实验内容】

活动1 图片欣赏，复习引入

(1) 如图 2 所示，请大家欣赏这两幅图片，说说它美在哪些方面？你知道什么是黄金矩形吗？

(2) 回顾：什么是黄金分割？黄金比值是多少？

(3) 如图 3 所示，请用尺规作图找到这条线段的黄金分割点。

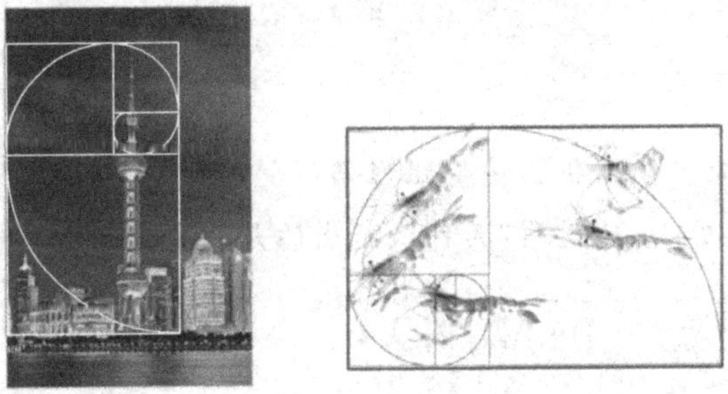

图 2

图 3

【设计意图】《义务教育数学课程标准(2022 年版)》中对黄金分割的学习要求是“通过建筑、艺术上的实例了解黄金分割”，所以在欣赏环节，学生多数能看到黄金矩形，但对于图片中一些与黄金分割相关的隐性元素却难以发现。接着让学生通过尺规作图找线段的黄金分割点，回顾黄金分割、黄金比等知识，为接下来进一步研究做铺垫。

活动2 从数到形，方格作图

(1) 如图 4 所示，方格纸中小正方形的边长均为 1，画出长为$\sqrt{5}-1$的线段。

(2) 在方格纸中画出这个黄金矩形。

(3) 请与其他同学分享你的画图心得。

【设计意图】 从数到形的转化对多数学生来说是有些难度的，所以教师在教学中可以适当地引导，搭建“脚手架”。比如，给学生提示：黄金分割点的作图步骤是什么，黄金比值是多少，如何在方格纸中先找到这个点呢，等等。此外，这个实验活动还具有开放性、探索性，特别有利于培养学生的学习能力和创新精神。如图 5(1)中，根据勾股定理可得 $OD=\sqrt{5}$，以 O 为圆心、OD 为半径画弧得 OB，则 $AB=\sqrt{5}-1$。在图 5(2)中同样可得 $OE=\sqrt{5}$，则 $DE=\sqrt{5}+1$。又因为 $DH=2$，所以 $HE=\sqrt{5}-1$。

图 4

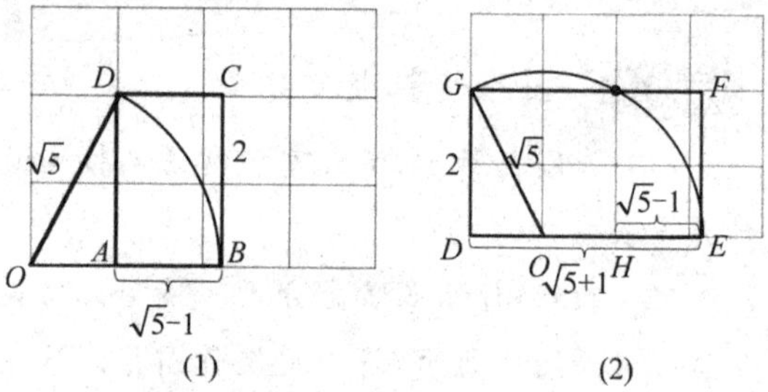

图 5

活动 3 折法实践，尝试说理

(1) 如图 6 所示，你能用该矩形纸片折出黄金矩形吗？

(2) 请向其他同学展示你的折法，并说明“为什么折出的是黄金矩形”。

图 6

【设计意图】 在这个实验环节，学生要能够灵活运用前面掌握的活动经验，将数学知识转化为实验操作能力，还要思考每一步如何操作，为何这样操作，这样操作的数学道理是什么，等等。该活动让学生学会用图形语言表达个人的想法，体现数学实验活动对培养学生数学核心素养的价值。具体操作过程如图 7 所示。

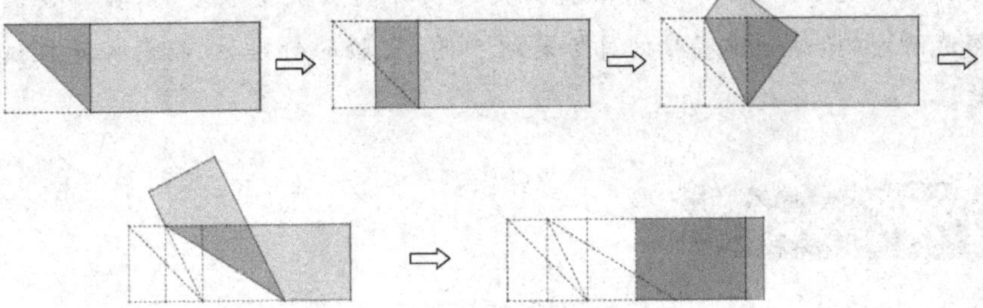

图 7

活动 4 用正方形折黄金矩形

(1) 如图 8 所示,你能用该正方形纸片折出黄金矩形吗?

(2) 请向同学展示你的折法,并予以证实。

图 8

【设计意图】 在本节课中,由正方形折黄金矩形,整体的数学思维量最大,难度也较大,开放性更强。学生已经有了前面的操作经验,在初步筹划如何折叠时还是比较顺利的,多数同学都在思考如何操作更简单更合理,包括一些计算方法的改进等。具体操作过程如图 9 所示。

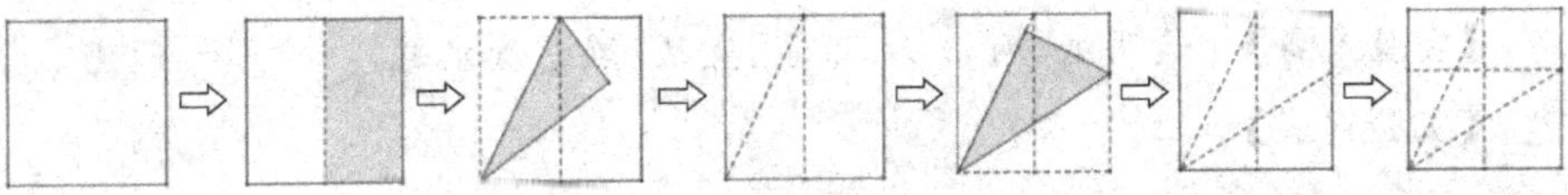

图 9

3. 数学实验教学反思

数学实验教学作为对日常数学教学的必要补充,能够带领学生走进有趣的、好玩的数学世界,使学生通过"做"数学体验发现的乐趣,发展数学思维,感悟数学真谛,提高实践能力和创新意识,积累更多的数学活动经验。

折黄金矩形分为作黄金矩形和折黄金矩形两步。这个数学实验活动对于学生来说,不管是数学思维要求还是动手操作能力的要求都很高。因此,在思考怎样让学生能够更快地找到合理恰当的折叠方法时,用画图作为折叠操作的"脚手架",使得折叠和说理都顺理成章。黄金矩形折叠的关键是折叠前的构图,怎样才能使矩形的邻边比是黄金比值呢?在方格纸中作图就是最好的引导性提示。由此可见，该实验案例设计的层次是合理的，数学实验的步骤是清晰的，每一步实验的目标是明确的，实验的针对性、指向性是经过预设的。

数学实验教学案例二

图形的旋转

1. 实验教学内容分析

“图形的旋转”是苏科版义务教育教科书《数学》八年级下册第 9 章“中心对称图形——平行四边形”的第一节内容，传统的教学通常是让学生观察现实生活中一些旋转图形，从这些图形中总结共性，抽象出图形旋转的概念，然后通过画图和证明得到图形旋转的性质定理。这些知识的获得主要是靠学生的想象。对于想象力稍弱一些的同学来说，这些知识的获得是十分困难的，自然也就会影响他们后续的学习和数学素养的提高。而在数学实验中，学生利用网格纸、透明纸进行图形的旋转操作，理解图形旋转的概念和性质，掌握旋转概念中的旋转中心、旋转方向、旋转角三个要素的作用，并能够应用图形旋转的概念和性质解决问题。

2. 数学实验过程设计

【实验目的】 通过在网格纸、透明纸中进行实验操作，抽象旋转的概念，理解概念和性质定理，积累数学活动经验。

【实验准备】 透明纸、网格纸、铅笔、直尺、黑色墨水笔。

【实验内容】

活动 1 操作与观察

(1) 将透明纸覆盖在图 10 所示的$\triangle ABC$上，先描出$\triangle ABC$，用大头针在点 C 处将透明纸固定，再将透明纸上的$\triangle ABC$逆时针旋转一定角度，得到$\triangle DEC$。请问$\angle ACD$和$\angle BCE$有怎样的数量关系？改变旋转的角度和旋转方向，以上结论依然成立吗？

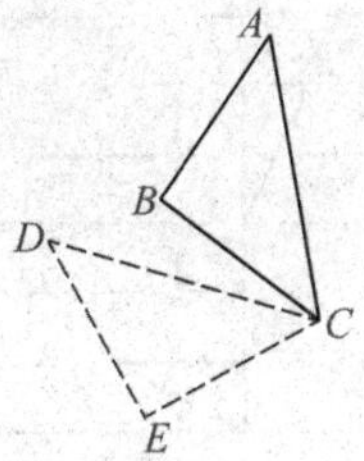

图 10

(2) 将透明纸分别覆盖在图 11、图 12 所示的$\triangle ABC$上，描出$\triangle ABC$，用大头针在点O处将透明纸固定，再把透明纸上的$\triangle ABC$旋转到$\triangle DEF$的位置，说出旋转方向和旋转的角度。

(3) 图形旋转前后，其形状和大小有怎样的变化？通过对比说说你的看法。

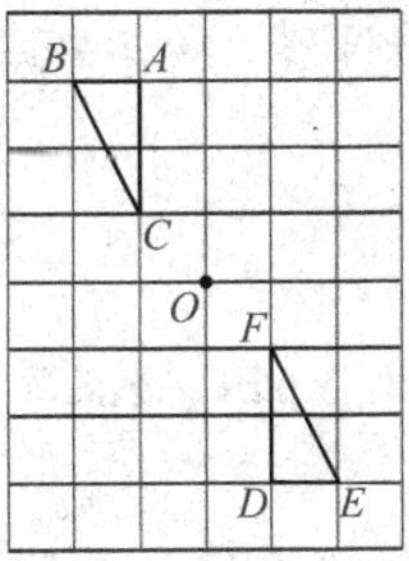

图 11

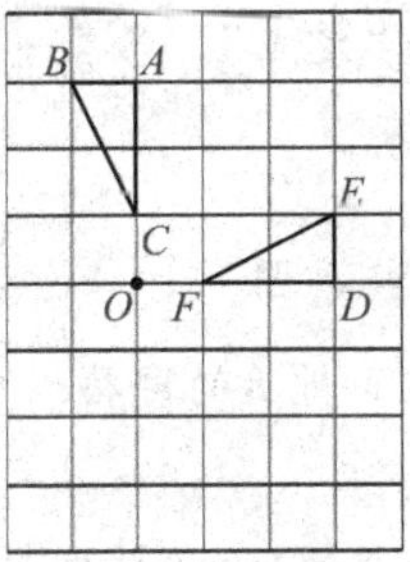

图 12

【设计意图】 活动 1 的目的是让学生在透明纸上观察图形的旋转，通过观察初步抽象出图形旋转的概念，在描图、旋转中确定图形旋转的三个要素，即旋转中心、旋转方向、旋转角，让学生在数学实验中感悟变化中的不变。

活动 2 操作与思考

(1) 将透明纸覆盖在图 13 所示的$\triangle ABC$上，描出$\triangle ABC$，用大头针在点O处将透明纸固定，再将透明纸上的$\triangle ABC$顺时针旋转一定的角度，得到$\triangle DEF$。连接点O与三角形的各顶点，请问图中有哪些相等的线段和相等的角？改变旋转的角度和方向，结论是否依然成立呢？

(2) 图 14 和图 15 中的$\triangle ABC$经过旋转可以与$\triangle DEF$重合。试确定图 13 和图 14 的旋转中心O，并借助透明纸进行验证。向其他同学介绍你是怎样确定旋转中心的。

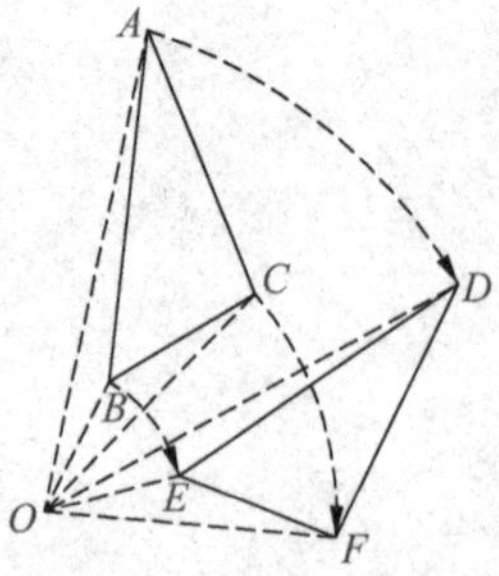

图 13

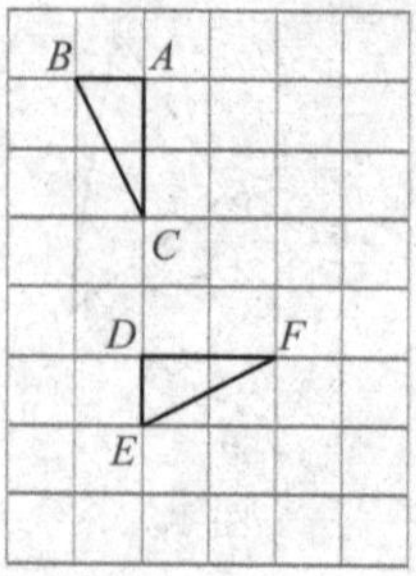

图 14

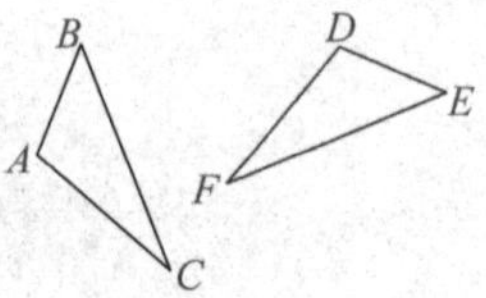

图 15

【设计意图】 活动 2 主要是让学生得到图形旋转的性质。学生通过观察、测量、对比等活动，可以得到旋转角是相等的，对应点到旋转中心的距离是相等的，所有点旋转方向是一致的等性质。(2)与(1)的思维方向是互逆的，已知旋转后的图形，反过来确定旋转中心，学生要在已有活动经验的基础上，反向思考确定“定点”。学生能够充分感悟到旋转三要素的重要性，以及旋转中的不变性质。

活动 3 思考与画图

(1) 在如图 16 所示的网格纸中分别画出$\triangle ABC$绕点O顺时针旋转 90°，180°，270°后的图形。

(2) 如图 17 所示，画出将四边形$ABCD$绕点O逆时针旋转 120°所得到的四边形。

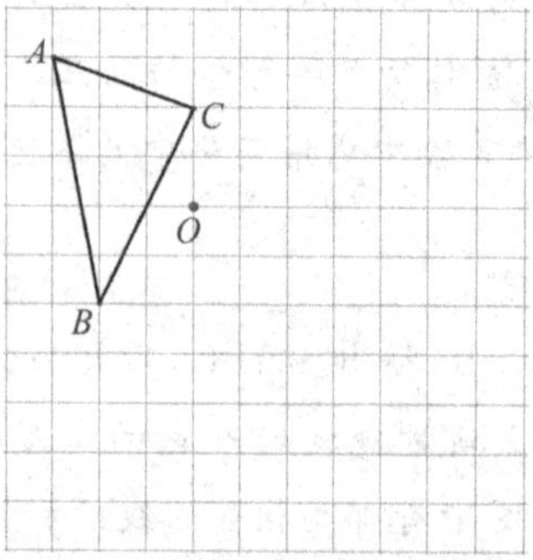

图 16

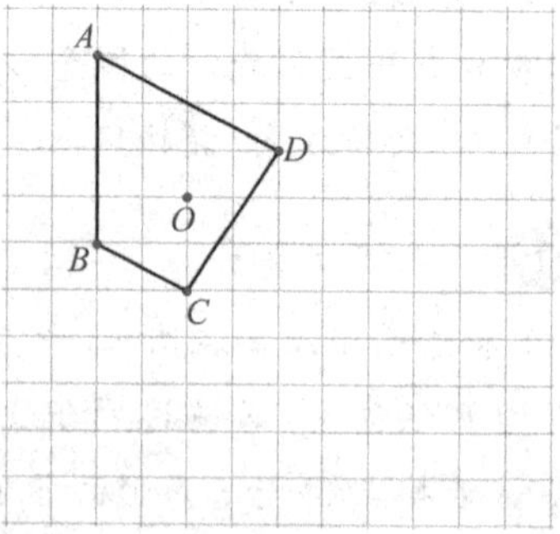

图 17

【设计意图】 活动 3 的设计目的是让学生应用图形旋转的性质解决问题。在图 16 中，要求学生画出$\triangle ABC$顺时针旋转三个角度后的图形，其中旋转 180°也是为接下来学习图形的中心对称做铺垫。图 17 把旋转中心O放在图形的内部，这对学生来说是一个挑战。学生需要在熟练掌握图形旋转性质的基础上才能够正确画出图形。

3. 数学实验教学反思

在本数学实验案例中，学生围绕某个数学问题开展系列活动，动手操作、动脑思考、归纳小结，化静态为动态，化抽象为具象，感悟数学思想。借助透明纸对图形旋转概念、性质进行直观理解，操作简单，学生能够快速进入知识的直观验证和理解之中。整节课的主体是学生。在确定旋转中心环节，学生面对困难，能够主动与同学交流讨论。数学实验教学不仅仅是为了帮助学生获得数学原理和知识，更应该关注学生关键能力的提升和认识新知识的一般方法，这也是学科育人的体现。本实验案例在引导学生获得图形旋转概念和性质的同时，让学生在活动中梳理研究知识的一般方法，把握知识的整体脉络，领悟数学研究的一般方法。

数学实验教学案例三

分割三角形

1. 实验教学内容分析

该案例是为理解线段的垂直平分线的性质定理而设计的。在苏科版义务教育教科书《数学》八年级上册“轴对称与轴对称图形”中，学生学习研究了线段中垂线的性质定理，但是有部分学生对线段中垂线的性质定理理解有困难。特别是在应用该定理解决问题时，会出现各种各样的困难，甚至不知道如何使用，以及在何种条件下使用该定理。本数学实验根据轴对称图形、等腰三角形的概念和性质及线段中垂线的性质定理设计，让学生在做数学实验的过程中，理解、感悟线段中垂线的性质定理的意义与价值。

2. 数学实验过程设计

【实验目的】 结合轴对称图形的性质，理解线段中垂线的性质定理。

【实验准备】 顶角为36°的等腰三角形纸片、顶角为90°的等腰三角形纸片、顶角为108°的等腰三角形纸片、任意直角三角形纸片、含30°角的直角三角形纸片、直尺、铅笔、橡皮。

【实验内容】

活动1 分割含特殊角的等腰三角形纸片

(1) 通过折纸，用折痕将如图18所示的顶角为36°的等腰三角形分割成两个小的等腰三角形。

(2) 通过折纸，用折痕将如图 19 所示的顶角为 90°的等腰三角形分割成两个小的等腰三角形。

(3) 通过折纸，用折痕将如图 20 所示的顶角为 108°的等腰三角形分割成两个小的等腰三角形。

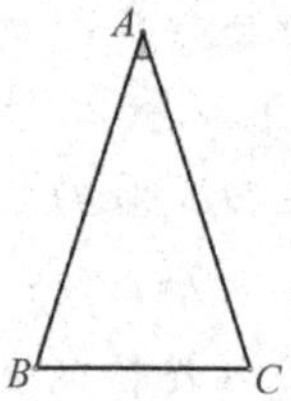

图 18

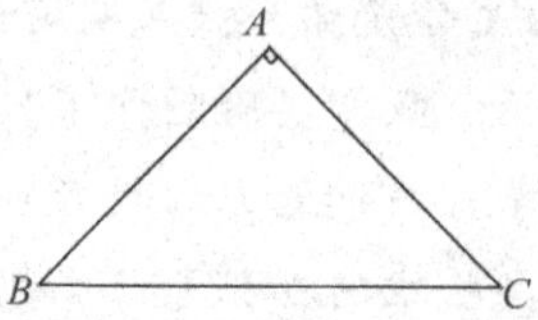

图 19

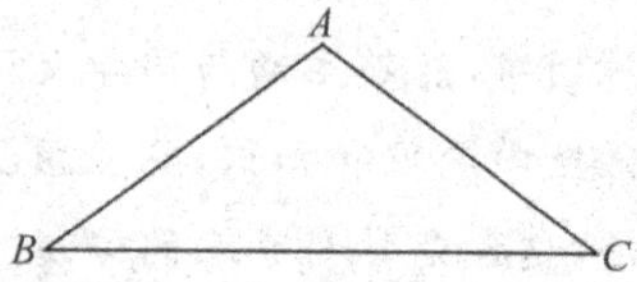

图 20

【设计意图】 通过折纸，用折痕分割这三个包含特殊角的三角形纸片。每个等腰三角形的底角度数和顶角度数之间都存在一定的倍分关系，因此在初步运用轴对称性质找线段中垂线的过程中，特殊角的度数也能够给学生一定的提示和启发，便于学生利用中垂线的性质构造等腰三角形。

活动 2 分割直角三角形纸片

(1) 折叠如图 21 所示的任意直角三角形纸片，将其分割为两个小等腰三角形，并探究这条折痕的长与直角三角形斜边长的关系，说说你的探究过程。

(2) 通过折叠如图 22 所示的含 30°角的直角三角形纸片，利用折痕将其分割为两个小等腰三角形，并探究各条线段长之间的关系，说说你发现的过程。

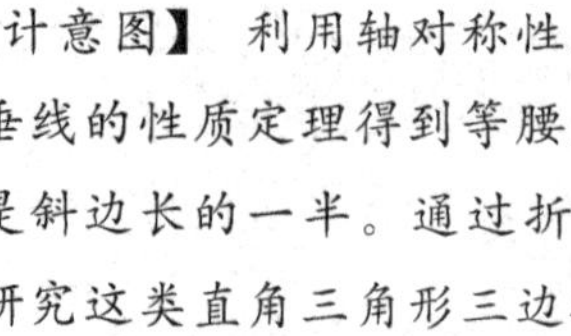

图 21

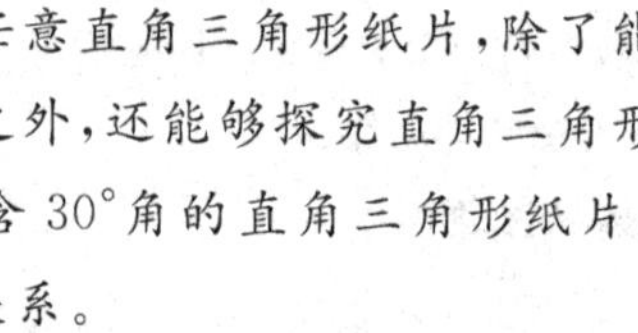

图 22

【设计意图】 利用轴对称性质折叠任意直角三角形纸片，除了能够根据线段中垂线的性质定理得到等腰三角形之外，还能够探究直角三角形斜边上的中线是斜边长的一半。通过折痕分割含 30°角的直角三角形纸片，还能够进一步研究这类直角三角形三边之间的关系。

活动 3 尝试与思考

(1) 在纸上画出如图 23 所示的锐角三角形。思考：怎样折叠可以将其分割为两个小三角形，且其中一个是等腰三角形？这样的分割线有多少条？与同学交流。

(2) 在纸上画出如图24所示的钝角三角形。思考：怎样折叠可以将其分割为两个小三角形，且其中一个是等腰三角形？这样的分割线有多少条？与同学交流。

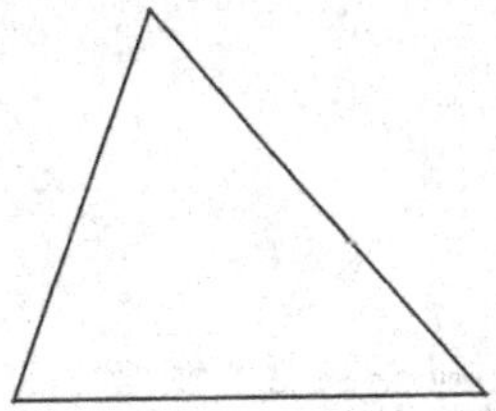

图23

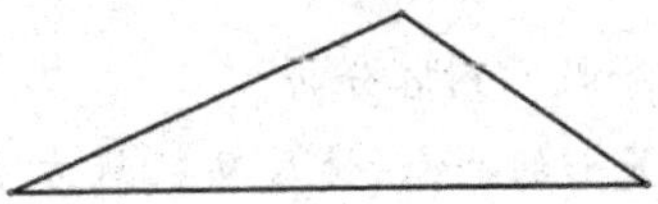

图24

(3) 思考：不同分类条件下产生的分割线会不会重合呢？在怎样的条件下会重合？通过探究验证你的想法。

【设计意图】 利用折痕分割三角形的数学实验，和所有数学研究一样，都经历从特殊到一般的过程。在折叠、分割三角形纸片的过程中，学生经历思考、尝试、合作、交流的过程，积累了数学活动经验，培养了数学创新思维。

3. 数学实验教学反思

分割三角形的数学实验设计了三个操作活动，从等腰三角形的分割到直角三角形的分割，再到任意三角形的分割，遵循从特殊到一般的研究思路。将知识发生、发展的过程予以展示，鼓励学生动手做，在做中获得知识，在不断尝试中体验挑战的激情和成功的喜悦。数学实验活动仅仅是学习数学知识的手段，是获得数学结论、形成数学方法、感悟数学思想的载体。一个好的实验活动应有明确的针对性、指向性。教师在数学实验教学中，要特别注重问题的引领作用。问题能使活动逐渐展开，数学结论在解决问题的过程中得以形成，所以数学实验是过程与结果的融合。

数学实验是操作与数学思维的统一体。初中生正处于心理发展的过渡期和转折期，认知水平正由具象向抽象思维发展。他们的逻辑思维还是依赖于已有经验。在这种情况下，教学要重视实验和操作的力量。从可视化的实验材料中寻找解决问题的路径，不失为一种快捷有效的方法。传统的数学教学十分重视证明和说理，这只是解决了“是什么”和“为什么”，并没有关注“怎么样”和“为什么这样”的问题，长此以往将使学生的怀疑精神慢慢消失。如何引导学生证伪呢？数学实验可以完成这个任务。例如，在活动2中，分割直角三角形时，学生很快进行了猜想，但是教师不要急于验证猜想，而是要让学生通过实验试一试，看看是不是和猜想的结果一样，还有没有其他的结果。通过反例自然可推翻猜想，这就是证伪。当然这并不能作为正式的证伪方式，证伪必须要有逻辑证明，这只是让学生感受证实与证伪之间的联系。

数学实验教学案例四

"做"菱形

1. 实验教学内容分析

对于菱形的概念、性质及判断方法，很多教师会通过"推理＋证明"的方法开展教学。的确对于数学素养较好的同学，这种教学方法能够让他们在较短的时间内学到较多的数学内容。但从长远看，这种做法会让大多数同学很快遗忘证明方法，当需要使用相关知识解决问题时，就一脸茫然。其实，学生并没有真正形成数学能力和素养。有没有一种更好的方法解决这个问题呢？答案是肯定的，那就是通过数学实验"做"菱形。初中生对数学概念、性质、判定等的理解，在很大程度上还离不开形象直观，所以设计折纸"做"菱形，用形象、直观的数学实验活动让学生对菱形的概念、性质、判断等知识有全面的认知和理解。在"可视化"数学实验的支撑下，学生经历"做"数学的过程，沉浸在知识海洋中。

2. 数学实验过程设计

【实验目的】 通过剪、叠、折的方法制作菱形，加深理解菱形的判定定理。

【实验准备】 剪刀、矩形纸片若干张、任意三角形纸片1张、毛边纸1张。

【实验内容】

活动1 剪菱形

(1) 猜猜老师手中的四边形纸片是菱形吗？如何验证？

(2) 给你一张矩形纸片，你能剪出一个菱形吗？请向同学展示你的剪法并说明为什么是菱形。

【设计意图】 活动1设计为"剪菱形"，主题词是"剪"。本实验教学环节分两步。第一步是判断菱形，需要学生结合菱形的概念和判定定理才能验证，即说理。第二步就是在矩形纸片上剪菱形，这个过程的思维量比第一步要大得多，因为学生除了需要思考使用菱形的哪个判断方法对剪出的图形做出判定之外，还要思考如何操作手中的矩形纸片才能剪出新的几何图形。

活动 2 叠菱形

(1) 取出两张等宽的矩形纸片，将其非重合地叠在一起，观察重叠部分是什么特殊四边形，证明你的猜想。

(2) 转动其中一张纸片，观察重叠部分的面积何时最小，何时最大，你有什么发现？

【设计意图】 活动 2 是“叠菱形”，是在不破坏手中纸片的情形下，通过两张纸的重叠，用重叠部分构造出菱形。学生需要借助菱形的判断定理以及菱形的部分性质，利用等宽纸带中的“等宽”这个特征，运用“等积法”推出四边形边长相等，从而运用“四条边相等的四边形是菱形”做出判断。实验中还要求学生转动其中一张纸片，观察重叠部分几何图形的变化，从底和高的关系角度讨论这个几何图形面积的最值问题，并引导学生及时总结发现的规律，让学生了解菱形与正方形之间的类属关系。

活动 3 折菱形

(1) 利用一张矩形纸片能折出菱形吗？与同学交流你的折法并证明。

(2) 你能用三角形纸片折出菱形吗？展示你的折法并予以证明。

(3) 用毛边纸能折出菱形吗？请展示你的折法并给出证明。

【设计意图】 “折菱形”这个实验环节，对学生的逻辑思维提出了更高的要求。第一步是折比较规则的矩形纸片得到菱形，因为矩形和菱形同属于平行四边形，都具有轴对称性、中心对称性，所以通过折矩形纸片得到菱形相对容易一些。第二步是让学生用任意三角形纸片折出菱形，操作难度提高了很多。首先，任意三角形不具有轴对称性或中心对称性，这与菱形的两个特性相差甚远；其次，任意三角形纸片中的特殊线段怎样确定，这也是折出菱形的重大阻碍。第三步要求学生用毛边纸折出菱形，对学生的数学思维、实验操作能力以及空间观念、几何直观等素养都提出了挑战。所以这时教师的引导是学生完成实验的关键，是能否顺利得到实验结论的“拐点”。

3. 数学实验教学反思

G. 波利亚指出“抽象的道理很重要，但是要用一切办法使它们看得见、摸得着”。如何判定一个四边形是菱形？教材通常以文字表征，即以菱形的定义和判定定理呈现，多数学生仅停留于感性认识。理解类数学实验教学能够以做实验的方式引导学生深入理解知识。“剪菱形”中的“猜”就是让学生以纸片具备的特征梳理菱形的判定方法，“剪”是将梳理出的方法用于实践活动，把抽象的文字表述落实到“做”之中。“叠菱形”需要运用菱形的定义、面积以及其与矩形之间的联系等知识，使学生对菱形的理解立体化。“折菱形”的目的是对菱形的判定进行综合运用。学生需要根据手中纸片的不同形状、不同条件，灵活选择判定方法。具象的实验活动能唤起学生操作和说理的热情。本实验教学过程具有层次性、开放性，能够满足学生动手动脑“做”数学的逻辑需求和心理需求，充分发挥学生的主动性。在“做”菱形的实验中，学生对菱形判定方法的理解从表象到实质，从操作到说理，从合情推理到演绎论证，积累了数学活动经验，领悟能力得以加强，体验与获得情感、态度、价值观。

2.2 套尺类

课标一再强调，有效学习不能单纯依赖模仿与记忆，动手实践、自主探究与合作交流是学生学习数学的重要方式，数学实验在这样的背景下应运而生。数学实验最重要的两个要素是实验目的和实验工具。实验目的就是实验要完成的教学任务，是实验的最终归宿，而实验工具是实现实验目的的主要手段，是实现实验目的的硬件保障。在初中数学实验中，数学实验的工具多种多样，且每种实验工具都是为了服务于学生，为得到某个数学实验活动的结论而存在。因此，数学实验工具一般都具有目标性、科学性、启发性、实用性及创新性。

2.2.1 数学实验创新工具——黄金分割尺

黄金分割尺类属初中数学实验的物化工具。物化类数学实验通常是指制作、使用数学实验工具，帮助学生通过数学实验活动来检测、验证、探索、理解已有数学结论或猜想正确性的活动。活动中会充分发挥数学实验工具的实物直观、几何直观功能。学生在工具性直观的基础上对数学知识进行理解与应用。

1. 数学实验创新工具开发综述

黄金分割概念、黄金比（值）及算法、黄金分割作图等初中数学知识在生活中被广泛应用。这些知识是“图形与几何”中“相似三角形”的内容，是对比例线段和比例中项知识的直接应用。黄金分割是观察、研究生活中的物品、建筑物等艺术美的美学依据。通过对黄金分割相关内容的学习，引导学生感受美、体验美，挖掘数学知识的美育价值，实现数学教育的以美启智功能。

但是，当学生要找一条线段的黄金分割点，或者想判断生活中的一件物品是否符合黄金比例时，需要通过繁杂的测量、计算，甚至还会受到外部条件的限制，很难正确判断。因此，我们就需要开发一款数学实验工具尺来解决以上问题。本实验案例所展示的工具是黄金分割尺，其创造性地将黄金比、黄金分割等数学知识物化、可视化。该实验工具是由苏州工业园区东沙湖学校的张超老师开发并应用于教学的。（本实验工具正在送审，这里仅作为一个案例供大家学习）

2. 开发黄金分割尺的数学原理

一条线段的黄金分割点处于该线段的$\frac{\sqrt{5}-1}{2}$位置。分别找到两条等长线段的黄金分割点，用这两条线段组成等腰三角形的两腰，连接两个黄金分割点，根据比例线段找出任意线段或物品的黄金分割点。

3. 黄金分割尺的制作过程

制作材料：等长的细木棒 2 根、较短的细木棒 2 根、铆钉若干个、圆规、直尺、铅笔。

（1）如图 1 所示，利用尺规作图，找出细木棒的黄金分割点。

（2）用铆钉将这两根细木棒的公共端点组合起来，作为两腰。

（3）分别在这两根细木棒的黄金分割点处再固定两根较短的细木棒，保持和腰平行。

（4）将这两根较短的细木棒相交处用铆钉固定，至此黄金分割尺制作完成。

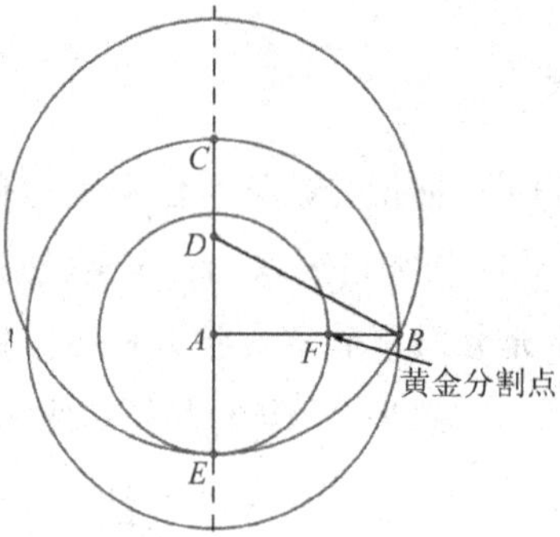

尺规作图，找出线段AB的黄金分割点：

① 过点A作AB的垂线l；

② 以A为圆心、AB长为半径作圆交垂线l于点C；

③ 作线段AC的垂直平分线交AC于点D；

④ 连接BD(构造三边长之比为$1:2:\sqrt{5}$ 的直角三角形)；

⑤ 以D为圆心、BD长为半径画圆，交直线AC于点E；

⑥ 以A为圆心、AE长为半径画圆，交AB于点F；

点F是线段AB的黄金分割点。

图 1

使用方法：如图 2 所示，黄金分割尺的 BB'边上的点 D，D'均为线段 BB' 的黄金分割点，在使用黄金分割尺的过程中，只要将被测线段或物品与线段 BB'的两端重合，对应点 D 或 D' 的位置就是该线段或物品的黄金分割点。（说明：点 A，C，C'，M 处均可以活动，B 与 B'之间的距离可变）

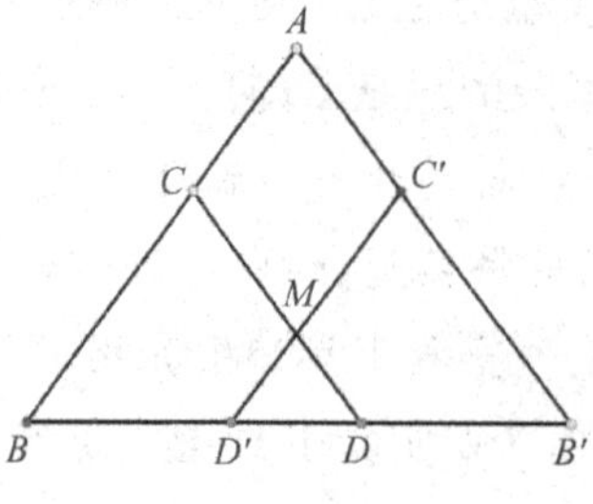

$\because CD /\!/ AB'$，

$\therefore \frac{BC}{AB}=\frac{BD}{BB'}=\frac{\sqrt{5}-1}{2}$，

$\because C'D' /\!/ AB$，

$\therefore \frac{B'C'}{AB'}=\frac{B'D'}{BB'}=\frac{\sqrt{5}-1}{2}$。

图 2

4. 基于黄金分割尺的数学实验专题课例

数学实验教学案例

巧妙的黄金分割尺

——用黄金分割尺找图形的黄金分割点

一、知识回顾

(1) 关于黄金分割你已经有哪些认识?

(2) 如何通过尺规作图的方式确定已知线段 AB 的黄金分割点?

【设计意图】 用黄金分割、黄金比以及尺规作图确定线段的黄金分割点是九年级下册“相似三角形”一章的内容。数学实验工具“黄金分割尺”就是要将上述知识转化为物化的实验工具,所以要让学生通过回忆,熟练掌握这些内容,为接下来的数学探究和数学实验工具的制作做好知识铺垫。

二、分析与探索

如图 3 所示,已知等腰三角形 ABB',$AB=AB'$,点 C 和 C' 分别是腰 AB 和 AB' 的黄金分割点,满足 $AC=AC'$。你能找到底边 BB' 的黄金分割点吗?说说你的想法。

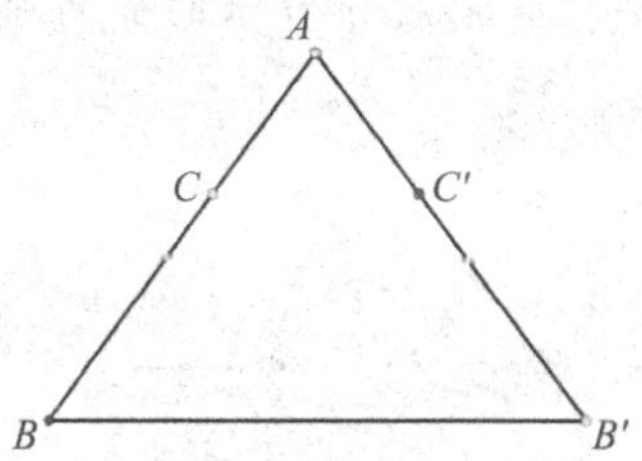

图 3

【设计意图】 由两条相等的线段组成等腰三角形的两腰,再确定两腰的黄金分割点,是黄金分割尺的知识铺垫。想要制作黄金分割尺,还有非常关键的一步,就是如何在底边 BB' 上找到黄金分割点,因为底边 BB' 是使用工具尺解决问题的核心。

三、操作与思考

1. 问题

(1) 黄金分割尺是什么?它具备怎样的特征?

(2) 黄金分割尺有什么作用?

(3) 如何制作黄金分割尺?

2. 操作

(1) 制作黄金分割尺。

如图4所示,有4根塑料吸管、1块KT泡沫板、图钉若干。

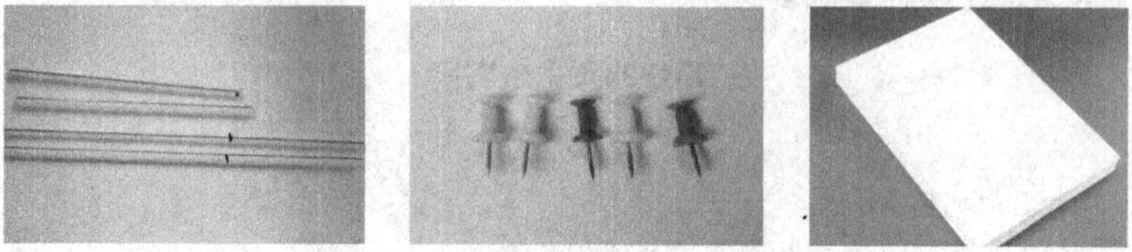

图4

使用以上材料,大家能制作出黄金分割尺吗?动手试试看。

【设计意图】 把抽象的数学知识转化为物化的实验工具,制作的过程需要学生手脑协同、启思明理,还需要学生交流、合作,培养学生动手操作、团队合作等能力。

(2) 应用。

① 用黄金分割尺找出任意一条线段的黄金分割点。

② 借助黄金分割尺、直尺、圆规,你能作出黄金三角形吗?动手试试看。

③ 除了黄金三角形外,还能作出黄金矩形吗?

④ 你能借助黄金分割尺探索图5所示的五角星中存在黄金分割吗?图中有黄金三角形吗?

图5

【设计意图】 通过使用黄金分割尺画图和测量,让学生感受数学实验工具给数学学习带来的直观好处,使学生充分体验到黄金分割尺在实际画图、验证中快速解决问题的价值。

四、生活中的黄金分割比(赏析图 6)

图 6

【设计意图】 回归现实生活,让学生感受到生活中到处都有黄金分割比,黄金分割比的美学价值得到体现。

五、黄金分割比的数学文化、数学史

(1) 介绍华罗庚“优选法”。

(2) 介绍黄金分割的大事记。

【设计意图】 介绍有关黄金分割的数学文化和数学史,目的是让学生感悟到黄金分割、黄金分割比具有十分悠久的历史,曾是许多数学家用来解决实际问题的有效工具,体现黄金分割比、黄金分割、黄金分割尺的社会价值。

六、课堂小结

(1) 黄金分割尺的制作原理是什么?

(2) 黄金分割尺的应用范畴有哪些?

5. 制作黄金分割尺的思考与评价

黄金分割尺是九年级学生在学习“相似三角形”后,利用黄金分割概念、黄金分割比等知识制作出的数学实验工具。在黄金分割尺的开发和制作过程中,学生需要充分运用已学知识,灵活处理数量之间的关系,将抽象的数学知识转化为形象直观的数学工具,充分发挥数学工具的直观、实操功能。但是在制作数学实验工具的过程中,很多学生不理解为什么要这么做,每一步制作遵循的数学原理是什么。因此,在开展实验教学的过程中,教师要积极引导学生熟练掌握黄金分割的相关知识,要有明确的学习目标和任务指向,充分调动学生动手操作的积极性、主动性。

利用黄金分割尺可以迅速找到一条线段的黄金分割点或者判断现实生活中某个物品是否符合黄金比例,十分精确、有效。教学实践证明,学生对于数学实验工具的制作很感兴趣,制作过程中能够主动研究制作方法和数学原理,能够积极与其他同学交流、合作,并及时纠错,有效提升数学学习能力和数学素养。

2.2.2 数学实验创新工具——三等分角尺

1. 数学实验创新工具“三等分角尺”开发综述

“三等分角”是古希腊几何尺规作图中的著名问题，与“化圆为方”“倍立方”并列为古希腊三大难题。只用圆规和一把没有刻度的直尺将一个给定角三等分，已证实不可能做到，对此我们不做研究。在教学过程中，我们发现苏科版义务教育教科书《数学》八年级上册第25页的一个知识板块中有工人师傅借助“角尺工具”解决了二等分角问题。受此启发，能否借助数学实验工具解决三等分角问题呢？在师生共同努力下，通过发现问题、提出问题，再经过小组合作分析问题、解决问题，最终制作出了三等分角尺，并成功实现对任意角的三等分。本案例将展示该数学实验工具从思考模型到实施制作的全部过程，将几何画板软件与数学实验工具相结合，激发学生运用实验工具进行数学探究、学习的兴趣。三等分角尺的开发与制作由我们研究团队中的青年骨干教师周青松老师完成，希望能给更多的老师带来启发，开发出更多的数学实验工具用于常态化教学。

2. 三等分角尺的数学原理

菱形的对角线具有平分一组对角、两条对角线互相垂直平分等性质。角的平分线是通过全等三角形证明的，而且角平分线上的点到角的两边距离相等。三等分角尺就是综合利用这些数学知识制作而成。该数学实验工具能够帮助学生综合应用、理解这些数学知识，通过制作、运用数学实验工具，发展学生的几何直观能力，提升数学探究、归纳能力。

3. 三等分角尺的制作过程

(1) 主要材料：长度20 cm、直径相同的纸质吸管若干根，大头针若干，硬材质的小圆圈多个。

(2) 制作工具：剪刀一把、刻度尺一把、尖嘴钳一把、彩色记号笔若干支、胶水一瓶。

(3) 制作步骤：

① 取两根吸管，用刻度尺量出15 cm，将剩余吸管剪去；再取两根吸管，用刻度尺量出15 cm，将剩余部分保留，用记号笔分别在吸管两端做好标记。

② 用两根大头针将两根吸管的一组标记点钉在一起，用尖嘴钳剪去多余大头针。

③ 用两根大头针把刚才两组剩余的标记点钉在一起，用尖嘴钳剪去多余大头针。

④ 借助刻度尺、彩色水笔，在四根吸管上标记相等的刻度。

⑤ 如图 1 所示，二等分角尺就制作完成了。

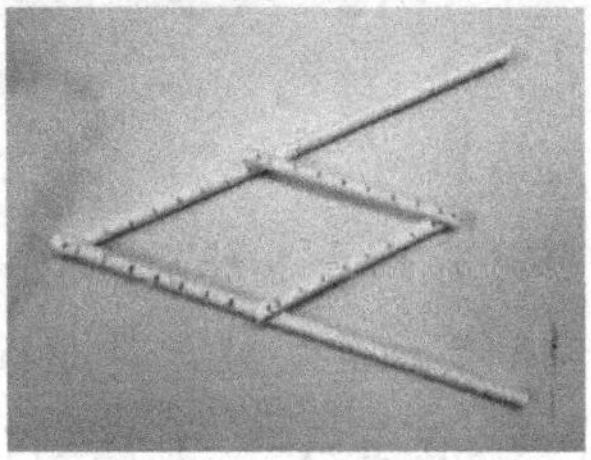

图 1

(4) 二等分角尺的结构特点：四条边相等，主要利用菱形的对角线平分一组对角。

(5) 使用方法：工具的两条长边与角的两边重合，顶点与角的顶点重合，菱形对角线就是该角的平分线。

(6) 如图 2 所示，将两个二等分角尺组合在一起，固定住相同的端点，三等分角尺就制作完成(图 3)。

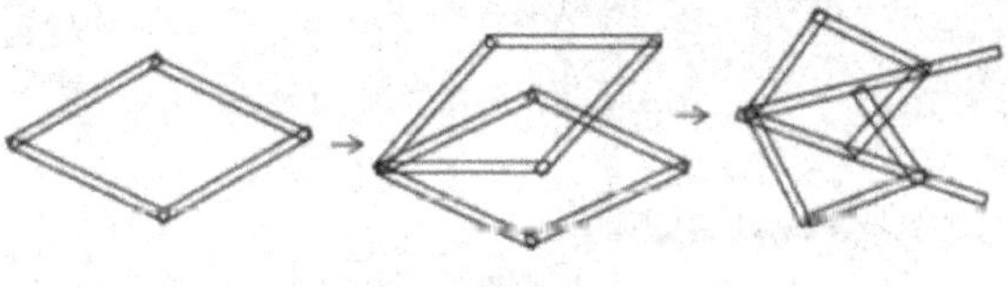

图 2

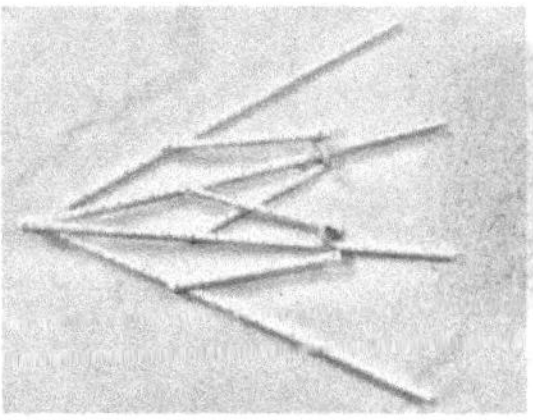

图 3

4. 基于三等分角尺的数学实验专题教学

数学实验教学案例

三等分角

一、提出问题

如图 4 所示，展示圆形生日蛋糕图片，如何将蛋糕二等分、四等分、八等分？还可以几等分？我们知道，等分圆形蛋糕，其实就是等分圆心角。如何二等分、四等分、八等分？如何三等分$\angle AOB$呢？今天我们就来探索三等分

角这个问题。(板书课题:三等分角)

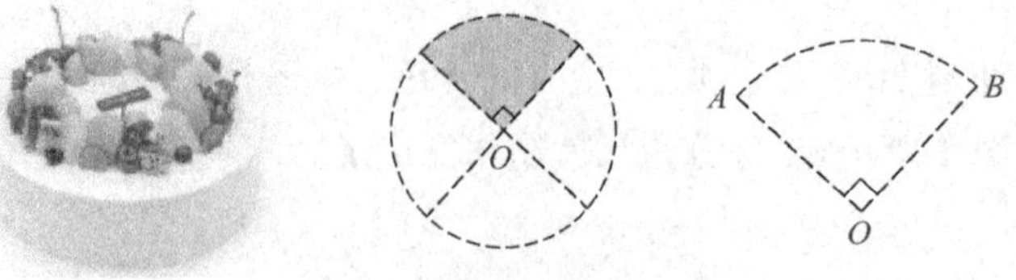

图 4

【设计意图】 从学生熟悉的切分蛋糕引入,引发共鸣,让学生感受到数学与生活密不可分。等分圆形蛋糕其实就是等分圆心角,三等分角问题应运而生。进而引导学生发现问题、提出问题,确立本课的学习主题。

二、探索活动

活动 1 借助工具二等分角

制作二等分角工具。

思考:(1) 工具的结构特征、操作方法;(2) 工具的工作原理。

知识:轴对称图形的性质、全等三角形的性质、菱形的概念及性质。

说明:如图 5 所示的二等分角尺由学生根据实验操作单于课前制作完成。

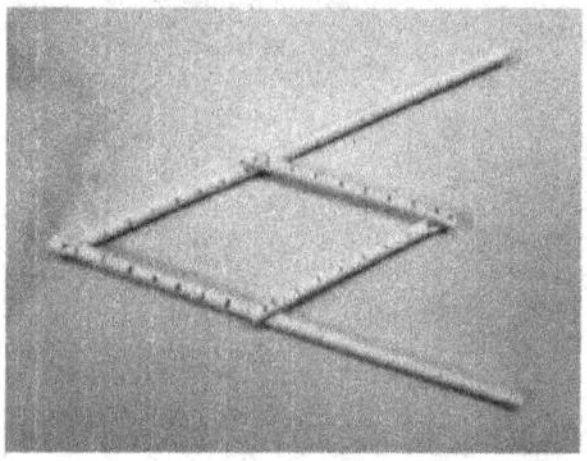

图 5

活动 2 借助工具三等分角

制作三等分角工具。

思考:(1) 工具的结构特征、操作方法;(2) 工具的工作原理。

知识:全等三角形的性质、菱形的概念与性质。

说明:如图 6 所示的三等分角工具由学生根据实验操作单于课前制作完成。

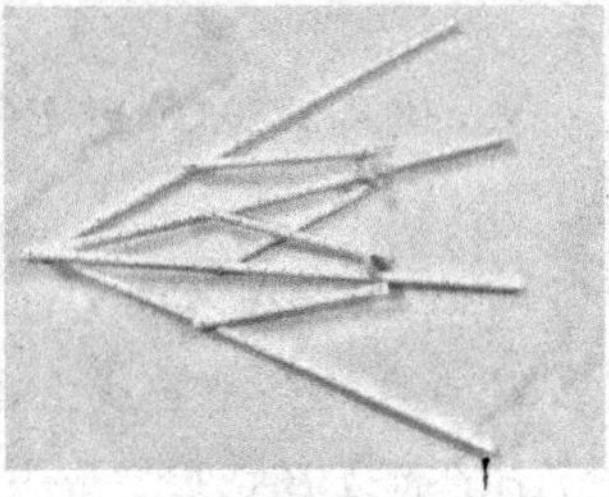

图 6

【设计意图】 课前学生根据操作单选择制作工具,思考工具的结构特征、操作方法、工作原理。制作二等分角工具是为了制作三等分角工具做铺垫,两者相辅相成。在制作工具时启发学生用数学的思维思考,经历猜想、操作、作图、推理、验证的过程,发现工具的工作原理,体验动手做数学的乐趣,积累活动经验,为探究工具"L 尺"的使用和原理做铺垫。

活动 3 借助"L 尺"工具三等分角

如图 7 所示,工具"L 尺"的直角顶点为 P,"短臂"的宽 $=PQ=QR=SR$,"L 尺"的一边为 MN,且满足 M,N,Q 三点共线,即 $PQ\perp MN$。(说明:"L 尺"工具由学生根据操作单于课前制作完成)

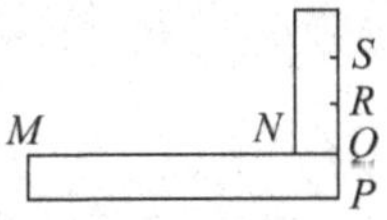

图 7

操作锦囊 1:

① 如图 8 所示,将"L 尺"的直角顶点 P 放在 $\angle ABC$ 的内部;

② 使"L 尺"的 MN 边经过锐角顶点 B。

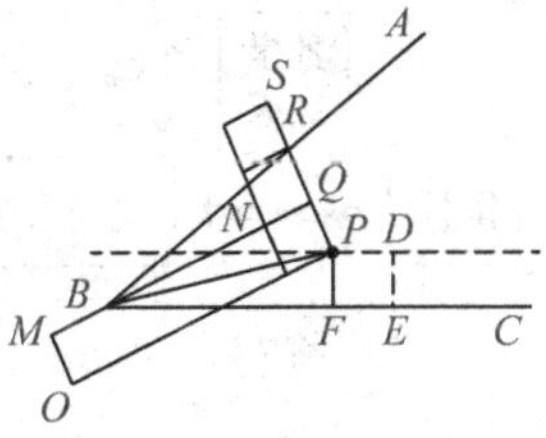

图 8

操作锦囊 2：

① 在$\angle ABC$内部找一点，使得该点到边BC的距离等于"短臂"的宽PQ；

② 过点P作边BC的平行线，与BA边相交；

③ 将"L 尺"的直角顶点P放在这条平行线上，且同时满足：MN边经过锐角顶点B；让点R落在$\angle ABC$的边BA上。

思考 1：(1)"L 尺"工具的操作方法；(2)"L 尺"工具的工作原理。

发现 1：全等三角形的知识、角平分线性质的逆定理、线段垂直平分线的性质。

思考 2：工具"L 尺"与"菱形工具"之间有什么联系？(图 9)

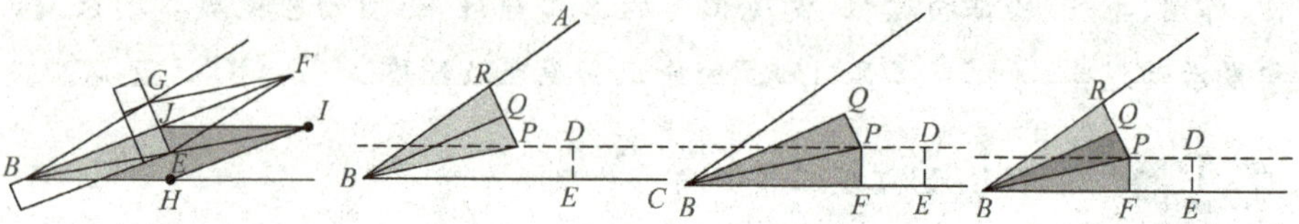

图 9

发现 2：线段垂直平分线的性质和角平分线性质逆定理的融合。

发现 3：把二等分角尺与三等分角尺中的每一个角看作单位角，如图 10 所示。① 进行组合，可以实现四等分、五等分角；② 把任意多个角进行组合，可以实现任意等分角。

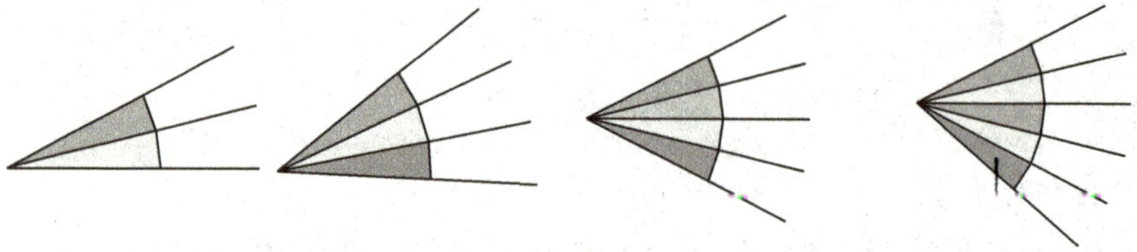

图 10

总结：实验操作流程(图 11)。

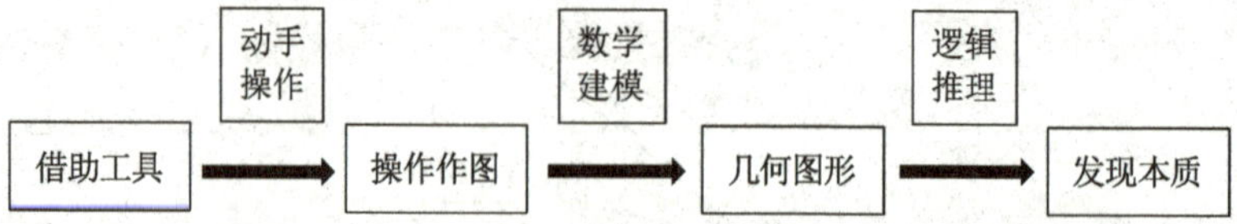

图 11

【设计意图】 活动 3 的操作为半开放型设计。对于操作锦囊 1、2，视课堂情况，给学生以提示，引导学生动手操作，在操作中作图，建立模型，用数学方法给出证明。学生经历了借助工具、操作作图、发现本质的过程，也是动手操作、掌握知识、关注本质、理解原理、形成能力的过程。学生在逻辑推理中强化了合情推理能力，将“做数学”与“学数学”有机融合起来，思维训练也落到了实处。

三、拓展实践：借助“L 尺”工具三等分钝角

方法 1：直接使用如图 12 所示的“L 尺”，或转化成锐角的问题解决。

方法 2：把钝角分为直角和锐角，借助工具“L 尺”和含 30° 角的直角三角尺解决。

方法 3：钝角的补角为锐角，借助工具“L 尺”和含 30° 角的直角三角尺解决。

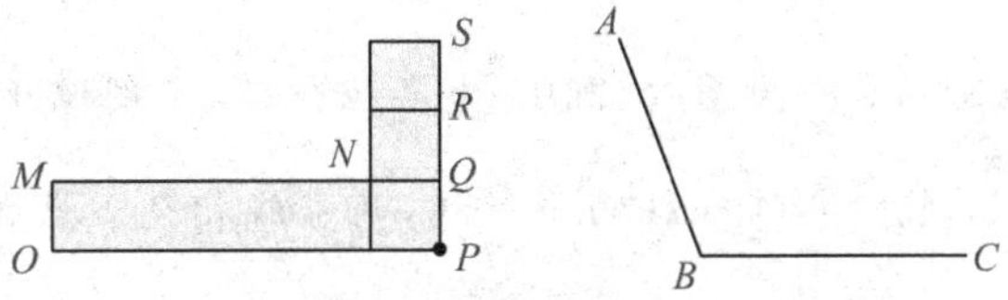

图 12

【设计意图】 此环节借助“L 尺”和含 30° 角的直角三角尺继续解决新的问题，通过转化、数形结合的思想方法把钝角分成一个锐角加直角的形式，也可以实现钝角三等分。以说理的方式引导学生再次感受工具与数学之间的关系。在解决新问题的同时，不断提高学生的合情推理能力、演绎推理能力，提升探究归纳能力。

四、拓展延伸：与三等分角尺相关的工具介绍

1. 借助三等分角仪三等分角

如图 13 所示，三等分角仪是利用阿基米德原理制作的。这个仪器由两根有槽的棒 PA，PB 组成，两根棒在点 P 处相连并可绕点 P 旋转，点 C 是棒 PA 上的一个固定点，点 A，O 可分别在棒 PA，PB 的槽中滑动，且始终保持 $OA=OC=PC$，$\angle AOB$ 为要三等分的任意角，则利用三等分角仪可以得到 $\angle APB=\frac{1}{3}\angle AOB$。

建模：我们把三等分角仪抽象成如图 14 所示的几何图形，完成如下证明。已知点 O，C 分别在 $\angle APB$ 的边 PB，PA 上，且 $OA=OC=PC$。求证：$\angle APB=\frac{1}{3}\angle AOB$。

说理：由 $OA=OC=PC$ 知 $\triangle CPO$，$\triangle OCA$ 均为等腰三角形，由外角的性

质可知$\angle OAC=\angle ACO=2\angle APB$，进而得到$\angle APB=\frac{1}{3}\angle AOB$。

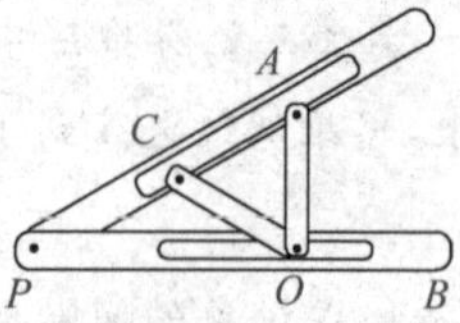

图 13

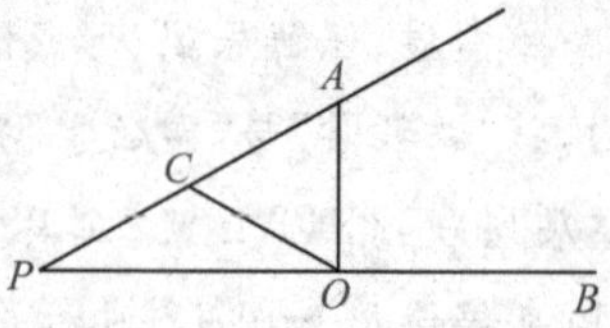

图 14

2. 借助函数工具三等分角

古希腊数学家帕普斯借助函数给出了一种三等分锐角的方法。如图 15 所示，将锐角$\angle AOB$置于直角坐标系中，边 OB 在 x 轴上，边 OA 与函数 $y=\frac{1}{x}$的图像交于点 P，以 P 为圆心、$2OP$ 为半径作弧，交图像于点 R。过点 P 作 x 轴的平行线，过点 R 作 y 轴的平行线，两直线相交于点 M，连接 OM 得$\angle MOB$，则$\angle MOB=\frac{1}{3}\angle AOB$。

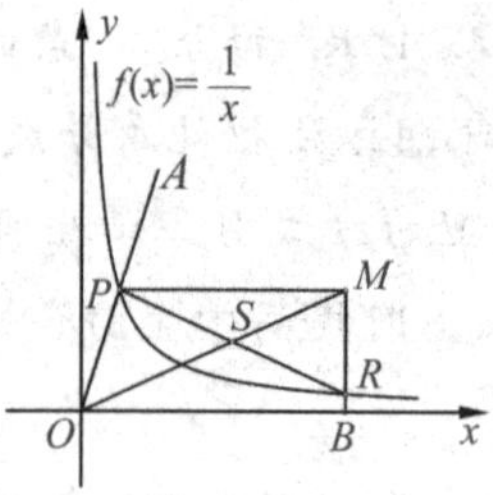

图 15

操作：

(1) 设 $P\left(a,\frac{1}{a}\right)$，$R\left(b,\frac{1}{b}\right)$，求直线 OM 对应的函数表达式。(用含 a，b 的代数式表示)

(2) 如图 16 所示，过点 P 作 y 轴的平行线，过点 R 作 x 轴的平行线，两直线相交于点 Q。请说明 Q 点在直线 OM 上，并据此证明$\angle MOB=\frac{1}{3}\angle AOB$。

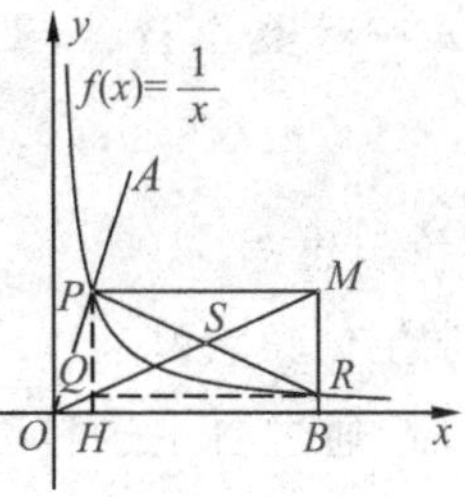

图 16

说理：直线 OM 的函数表达式为 $y=\frac{1}{ab}x$，进而验证 Q 点在直线 OM 上，故四边形 $PQRM$ 是矩形。由性质可知矩形的对角线互相平分。由 $QR/\!/OB$ 知 $\angle SQR=\angle MOB$。由上文可知，以 P 为圆心、$2OP$ 为半径作弧，交图像于点 R，故 $PR=2OP=2PS$，$\angle PSO=\angle POS=2\angle MOB$，进而得到 $\angle MOB=\frac{1}{3}\angle AOB$。

【设计意图】 本节课学生用两种工具实现对任意角的三等分，此环节作为了解内容，以拓宽学生的视野，激励学生不断尝试、探索，敢于提出问题。

五、课堂小结

请谈谈本节课的收获和困惑。

【设计意图】 如图 17 所示，学生通过回顾所学知识，说一说在使用工具解决问题过程中的感受，加深对工具与数学知识之间联系的认识，从而掌握知识、理解原理、形成能力，进而巩固知识、掌握方法，提高数学素养。

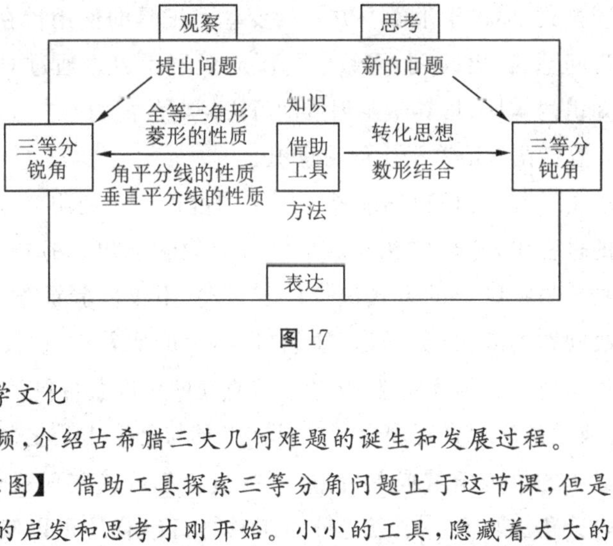

图 17

六、数学文化

播放视频，介绍古希腊三大几何难题的诞生和发展过程。

【设计意图】 借助工具探索三等分角问题止于这节课，但是对于另外两大几何问题的启发和思考才刚开始。小小的工具，隐藏着大大的学问。通过数学文化的渗透，让学生感知一种数学精神，激发、鼓舞学生不断提高思维能力。

5. 开发三等分角尺的评价与思考

(1) 制作实验工具培养学生创新意识。

学生在对知识深入理解后，通过自主选材创造性地开发出实验工具，抽象的知识通过自制工具直观化、形象化、具体化，工具中蕴含的丰富知识就是学生创新思路的源泉。从二等分角工具中的全等知识、菱形的性质，创造性地将两个二等分角工具进行叠合便可以制造出三等分角工具。二等分角工具、三等分角工具的设计与开发就是知识理解与再创造的过程，在这个过程中学生不仅要思考工具结构，还要研究操作方法、工作原理、使用的便利性等。制作实验工具不仅能提高学生的操作能力、想象能力，还可以活跃思维，激发学生对数学学习的兴趣。在此基础上制作“L 尺”工具，深入挖掘三个工具之间的内在联系。“L 尺”工具与三等分角工具之间的关系，能够为学生提供创新的思路。学生在制作工具及过程中，不断思考，持续完善，发展创新思维，提高创新意识。

(2) 使用实验工具培养学生创新意识。

数学实验工具的使用改变了学生传统的接受知识的方式，将静态知识转化为动态获取的过程。学生也由被动接受知识向主动探索、学习知识转变，在使用二等分角工具解决问题时，经历利用工具、作图、推理、发现的过程，强化了对知识的运用与理解。三等分角工具、“L 尺”工具的使用同样改变了数学知识的呈现方式，促进学生学习方式的变革。工具的使用旨在引导学生动手操作以发现问题、提出问题，用数学的眼光观察世界。通过对数学工具的建模来理解知识的本质，培养学生创造性解决问题的能力。

(3) 融合信息技术培养学生创新意识。

工具的使用过程，就是知识理解与应用的过程。在利用“L 尺”工具解决三等分钝角的过程中，感悟转化与数形结合等数学思想。另外，使用几何画板软件与实物工具相结合的方式进行探索活动，不仅能验证学生的猜想，还能在两种解决问题的方法(数与形、抽象与直观)的比较中，感受到动态几何软件作为图形研究工具的优越性，让学生从直观的角度获得更多的猜想。

如图 18 所示的演示直观展示了“L 尺”工具与菱形工具之间的联系。将二等分角工具中的每个角看成单位角，进行组合就可以实现三等分角功能。若将一个二等分角工具和一个三等分角工具进行组合还可以实现对一个角四等分、五等分。若将任意多个二等分角工具和三等分角工具进行组合还可以实现对一个角任意等分，几何画板软件为学生提供了创造性思考的空间。

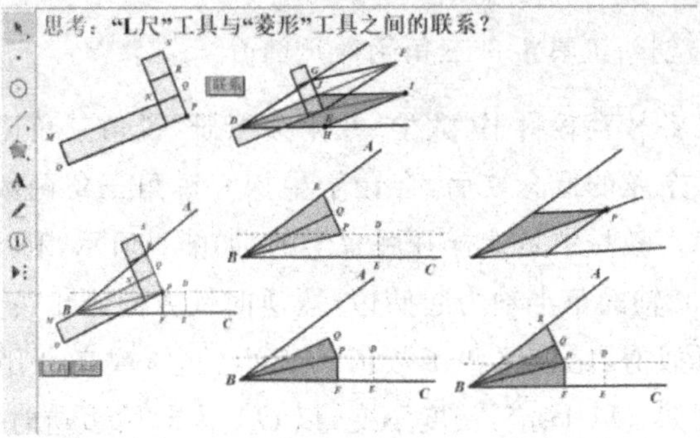

图 18

如图 19 所示，利用"L 尺"和含 30°角的直角三角尺继续探究新的问题。通过转化、数形结合的思想把钝角分出一个"锐角＋"的形式，同样可以三等分钝角。利用"L 尺"工具将锐角三等分，设每一份角为 $x°$，则钝角的度数为 $3x°+90°$，故钝角的三等分角为 $x°+30°$，只需以锐角三等分线为基准构造一个 30°角即可。从钝角的补角入手，先三等分补角，同样可以设每一份角为 $x°$，钝角的度数为 $180°-3x°$，故钝角的三等分角为 $60°-x°$，只需以补角的三等分线为基准构造一个 60°角即可。通过数学推理与实物工具相结合的方式，解决新的问题，以说理的方式引导学生再次感受工具与数学之间的关系，不断助力学生合情推理、演绎推理能力的发展，促进学生思维品质的提升，培养学生独立思考问题的能力，发展几何直观。这些都体现了几何画板软件在图形研究和实验中的强大功能，能激发学生运用工具进行数学学习的兴趣，培养学生的创新意识。

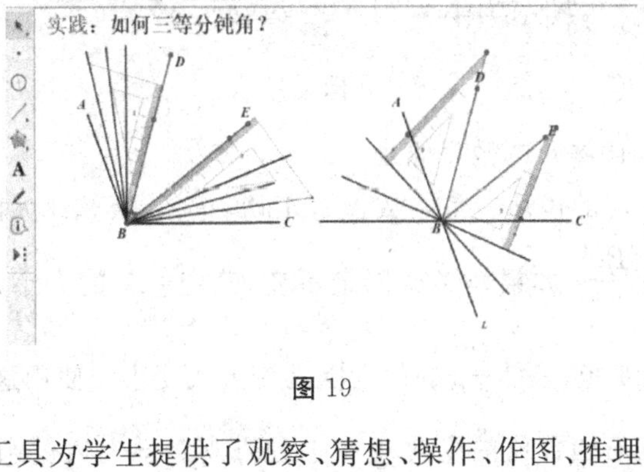

图 19

数学实验工具为学生提供了观察、猜想、操作、作图、推理、验证、发现、再思考的学习环境，引导学生会用数学的眼光观察现实世界，会用数学的思维思考现实世界，会用数学的语言表达现实世界。

2.2.3 数学实验创新工具——锐角三角函数尺

1. 数学实验创新工具锐角三角函数尺简介

在苏科版义务教育教科书《数学》九年级下册“锐角三角函数”这一章，当学完正切、正弦、余弦的概念之后，会让学生探究锐角三角函数值与锐角之间的增减变化规律。教材中是这样开展教学的：如图 1 所示，利用平面直角坐标系显示网格，以 x 轴的正半轴为起始边，按逆时针方向画出锐角，通过直接计算这些锐角的近似值，比较这些函数值的大小关系，或者利用几何直观对比边长的大小。例如，OA 固定，长度不变，以 OA 为起始边逆时针画锐角，分别交直线 AB 于各点，那么这些锐角的邻边都是 OA，也就是说锐角的一边为定长，这样锐角两边之比就一目了然。但教材中这样的处理方式在课堂中往往很难实施。教师只能在课堂上使用 PPT 照搬图 1，或者使用几何画板软件进行演示，这就是我们常说的“看演示”或“看数学”，接下来还需要教师不断地讲解、对比，甚至不厌其烦地让学生一遍又一遍地看，学习效果一般。因此，我们让学生制作、使用锐角三角函数尺，亲身体验数学实验工具的制作和应用，利用实物直观理解锐角三角函数值的增减变化情况。

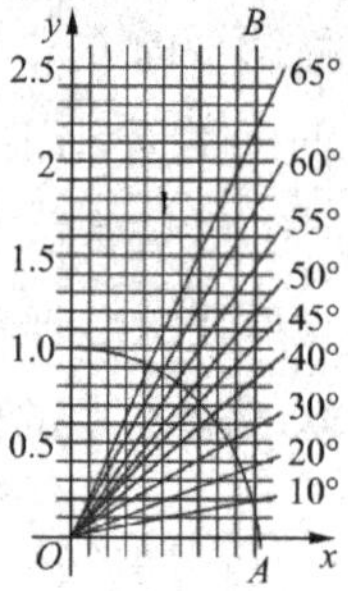

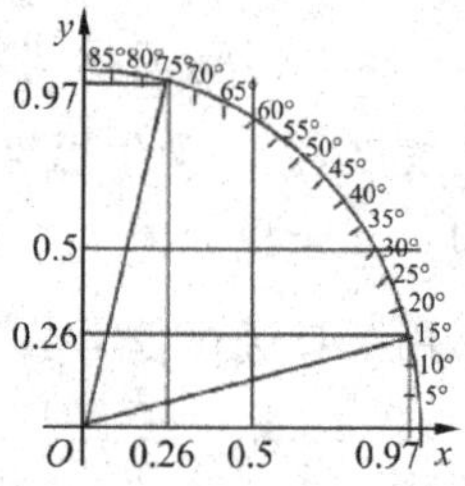

图 1

2. 锐角三角函数尺的数学原理

初中阶段学习的锐角三角函数包含正切、正弦、余弦。如图 2 所示，锐角 A 的正弦值等于$\frac{BC}{AB}$，如果使 AB 固定不变，改变$\angle A$ 的大小，那么$\angle A$ 的对边 BC 将变长或变短，显然$\frac{BC}{AB}$的值会随之变大或变小。使用这样的数学实验工具探究锐角三角函数值的变化规律十分直观。学生通过亲手制作实验工具，一定会对数学原理及探究过程十分感兴趣。

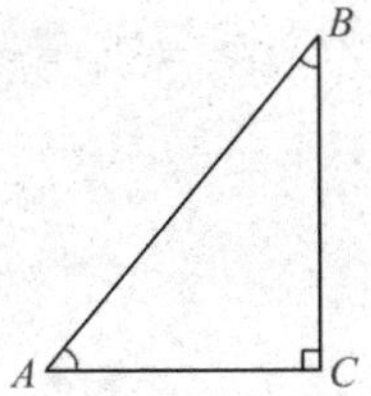

图 2

3. 锐角三角函数尺的制作

每个小组均有以下制作材料：宽 2～4 cm、长 100～110 cm 的木条 3 根（在木条的两端分别打直径为 6～8 mm 的小孔），半径为 20 cm 的硬质透明半圆形塑料板 1 块（提前在半圆形透明板上仿照量角器，用记号笔画出刻度并在中心打直径为 6～8 mm 的小孔），5～7 mm 的螺栓套件 1 枚，铆钉 1 枚，记号笔 1 支。如图 3 所示，引导学生组装铆钉和螺栓套件，调整好各个组件之间的位置，使锐角三角函数尺能够正常活动，方便使用。

图 3

4. 锐角三角函数尺的应用

该实验工具中水平的木条作为横尺，标出刻度可以直接读数，木条的最左端与透明硬塑料板连接，用螺栓套件进行固定。另一根木条斜放，最下端与横尺、透明板固定，要留出可以旋转的空间，方便斜尺能旋转任意角度。第三根木条用铆钉固定在斜尺最上端的小孔处，使其自然下垂，并且在与横尺的交点处能够读出刻度，构造出直角三角形。学生通过调节斜尺的位置，可以从量角器上读出锐角的度数。斜尺的长度固定不变，学生通过观察铅垂尺与横尺相交处的刻度，得到锐角的对边、邻边的长度，计算两者的比值，得出锐角三角函数值的变化规律。

5. 基于数学实验工具的系列实践与研究

数学实验教学案例一

特殊平行四边形演示尺

1. 实验目的

在学完“中心对称图形(1)”后，有不少学生对平行四边形、矩形、菱形、正方形的性质和判定定理理解不透，甚至记不住。本教学案例的主要目的就是让学生在数学实验工具的制作和使用过程中，深刻理解、掌握平行四边形及特殊的平行四边形的性质和判定定理。

2. 制作材料

宽 2～3 cm、长 70 cm 的细木条 2 根和长 60 cm 的细木条 1 根，并在木条的中间位置打小孔，给每根木条都标上刻度，用 1 枚铆钉将这 3 根木条固定住，且要预留出木条旋转的合适空间。用 1 根长皮筋和 2 枚蘑菇钉组合制成如图 4 所示的工具。

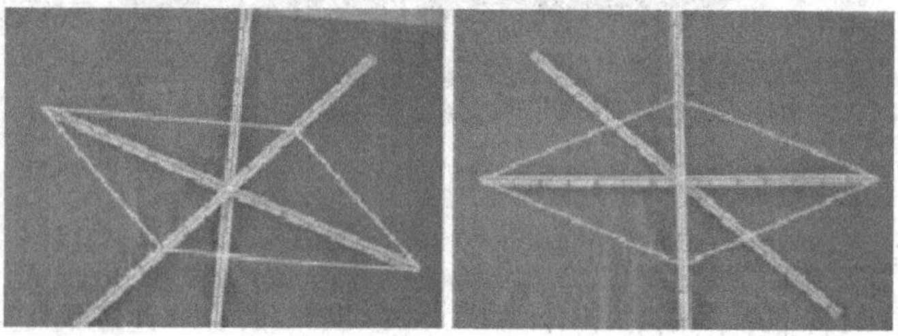

图 4

3. 使用方法

(1) 将橡皮筋套在短木条上。

(2) 拉橡皮筋，把橡皮筋挂在与长木条小孔等距的蘑菇钉上。通过调整 2 根木条和蘑菇钉的位置，可以得到普通平行四边形、矩形、菱形、正方形，甚至梯形。

(3) 学生一边调整木条，一边观察，结合图形做出判断并说出图形的性质。

数学实验教学案例二

与圆有关的角度

1. 实验目的

在“圆”这一章，学生学习了圆周角，对于圆周角的度数与所夹弧所对的圆心角之间的数量关系一直容易混淆。针对这个问题，结合教材在研究圆周角性质定理时给出的方法，制作比较直观的数学实验工具，直接用于对圆周角性质定理的验证和理解。

2. 制作材料

材料有 40 cm×40 cm 的正方形木工板 1 块，蘑菇钉若干枚，橡皮筋 2 条，铅笔 1 支。以正方形木工板的中心位置为圆心、15 cm 为半径画圆，将 1 枚蘑菇钉插在圆心，同时把 2 枚蘑菇钉插在圆周上的任意位置(一般在 2 枚蘑菇钉之间的圆弧为劣弧)，用 3 枚蘑菇钉和 1 根橡皮筋构造出圆心角，再用 1 枚蘑菇钉和 1 根橡皮筋与圆周上的 2 枚蘑菇钉构造出一个角，根据蘑菇钉的位置不同，可以构造出圆周角、圆内角、圆外角。学生还可以移动这枚活动的蘑菇钉，使圆心在橡皮筋内部、外部或一条边上，这和教材中对圆周角性质定理的证明方式一样。

3. 使用方法

如图 5(a)，用橡皮筋构造圆周角，利用实物可以直观研究同弧所对的圆周角与圆心角的数量关系；继续调整蘑菇钉的位置，还可以研究圆外角、圆内角与圆心角的数量关系；若将 1 枚蘑菇钉插在弧的中间，如图 5(b)所示，还可以利用橡皮筋的位置研究垂径定理。

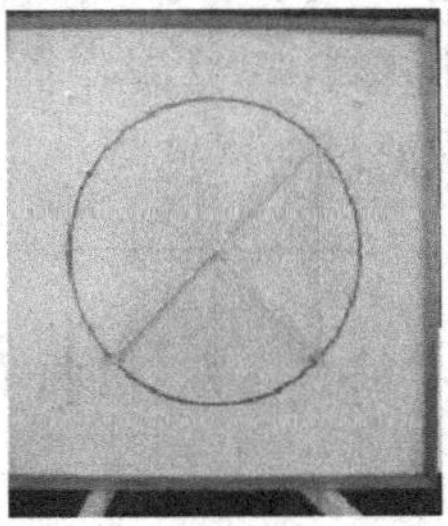

(a)

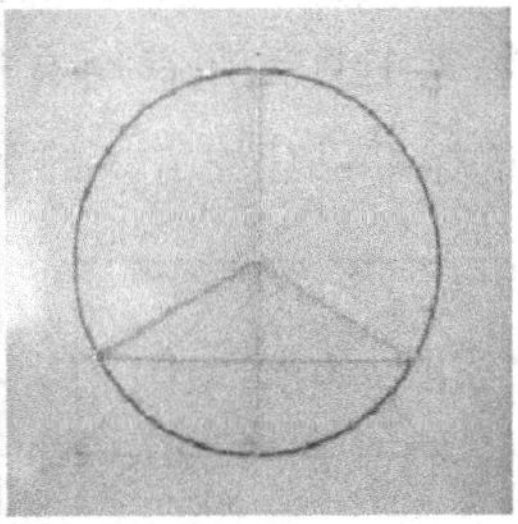

(b)

图 5

2.3 实物模型类

2.3.1 几何体的截面问题探究

用一个平面去截几何体，该平面与这个几何体的面相交，由交线围成的平面图形叫几何体的截面。就像木工用锯子将某个小木块锯成两块，“锯口”就是我们所说的截面。通过研究几何体的截面，可以更好地揭示空间图形与平面图形之间的内在联系。

1. 数学实验创新案例开发综述

初一学生在学习苏科版义务教育教科书《数学》七年级上册第 5 章“丰富的图形世界”时，教材中让学生探究一个正方体的截面是怎样的几何图形。为了不让学生凭空想象，就需要开发一些几何体，让学生在操作这些几何体时可以非常直观地观察到截面的形状。

2. 该数学实验创新案例解决的问题

在探究用一个平面将几何体截成两块，截面是怎样的几何平面图形时，对于七年级的学生而言，要么靠想象，但七年级的学生想象力有限，只靠想象得到全部情形是极其困难的；要么靠老师用小刀切橡皮泥或者萝卜，这样的做法耗费物力、人力，而且操作过程中还易出现危险；要么用几何画板或者 GeoGebra 软件进行演示，这种“看”数学的学习效果十分肤浅，学生无法领会数学知识的真谛。因此，我们就需要一种数学实验物化的工具，让学生既能看得见，也能摸得着，还能研究得透。这个数学实验工具的名称就叫“水立方”。该数学实验物化工具采用透明有机塑料密封制作而成，里面装有适量的带有颜色的水，这样可以让立方体的截面清晰可见。

3. 数学创新实验的教学准备

数学实验物化工具：如图 1、图 2 所示的水立方（这两个水立方的区别是里面水的量）、铅笔、直尺、PPT 和相关的视频资料。

图 1

图 2

4. 基于数学模型类实验专题教学课例

数学实验教学案例

探索正方体截面的形状

一、情境引入

(1) 播放视频:世界上最大的钻石"非洲之星"的设计、加工过程。

问题:请大家观看视频,如图 3 至图 5 所示。你能说说钻石经过了怎样的加工过程吗?今天我们就来研究,如果给你的是一颗正方体的钻石,让你对这颗钻石只切一刀,你认为切割面会是怎样的形状呢?

图 3

图 4

图 5

【设计意图】 设计这个环节的目的是通过钻石切割,引出本课的研究主题。通过观看钻石的加工过程,学生感受到在切割正方体之前,先认识正方体的形状特征是必要的,且合情合理。另外,对正方体有充分的认知,也为接下来的研究和发现活动做铺垫。

(2) 认识"水立方"。

问题:手中的橡皮泥是个正方体,它有几个面?几条棱?多少个顶点?

思考:正方体的截面会是怎样的形状呢?大家先尝试切割手中的立方体,通过观察,在纸上记录截面的形状,并与其他同学交流、分享。

【设计意图】 设计本环节的目的是通过切割正方体实物,让学生感受到直接对实物切割将会带来破坏。学生通过对比,感受到实验物化工具水立方的好处。

二、探索

活动1 利用水立方探究正方体的截面形状

思考：为什么截面会出现这些形状？对于正方体截面的形状你还有哪些想法？

追问：截面能否为七边形？正方体截面的形状能否为特殊的形状？

教学预设：学生可能会得到如图6至图9所示的情况，要求学生说出操作的方法是什么。

图6

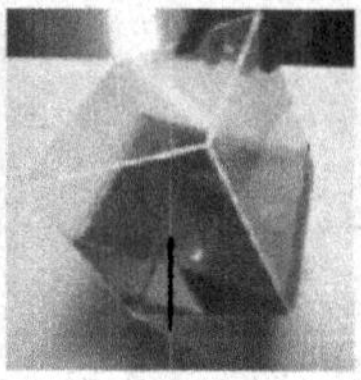

图7

图8

图9

【设计意图】 设计该环节的目的是让学生通过观察提出猜想，再动手操作进行验证，推理分析获得结论，运用结论解决问题，经历完整的数学探究过程。在探究过程中，引导学生发现和提出问题、分析和解决问题，学会透过现象看本质，发挥空间想象力，形成数学活动经验，发展空间观念，提高推理能力。

活动2 利用水立方探究正方体截面的特殊形状

思考1：正方体截面的形状可以是特殊三角形吗？比如等腰三角形、等边三角形、钝角三角形等。

思考2：截面除了可以是正方形之外，还可能是其他四边形吗？比如矩形、平行四边形、菱形、梯形、等腰梯形等。

思考3：当截面是四边形时，这些四边形是否有共同特征呢？如果有，请说明理由。

思考4：当截面是五边形、六边形时，又会有怎样的情形？

【设计意图】 该环节引导学生进一步探究正方体截面的形状，形成发现问题和提出问题的意识，提高分析问题和解决问题的能力，积累一定的数学活动经验，发展空间观念。分析说理的过程加深了学生对正方体的认识，提高了推理能力。该环节还能让学生感受从一般到特殊的数学研究方法，积累研究经验。

活动3 利用切割得到的几何体进行再探索

思考1：当截面是三角形时，余下的部分是怎样的几何体？

思考2：当截面是四边形时，余下的部分又是怎样的几何体？

思考3：截面是四边形的这些几何体是否具有共同特征？如果有，请说明原因。

思考4：当截面是五边形呢？

思考5：当截面是六边形呢？

【设计意图】 设计本环节的目的是培养学生的数学思维，感受互逆的数学研究方法。活动1和活动2是由体到面，活动3是由面到体。在这个过程中，培养学生的正向思维和逆向思维，也为接下来的活动4做准备。

活动4 探究三棱锥的截面形状

思考：如图10所示为三棱锥形状的钻石，只切一刀，截面会是什么形状？

赏析：欣赏世界上几颗著名的钻石，如图11至图13所示，并说说几何体切割在实际生活中具有怎样的价值。你还能举出这样的例子吗？

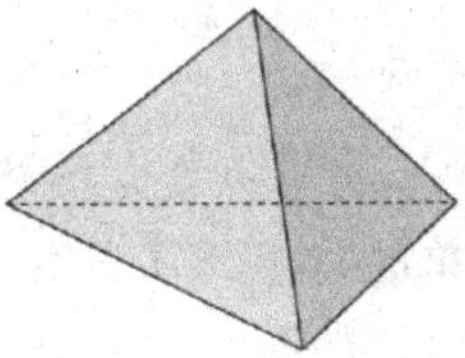

图10

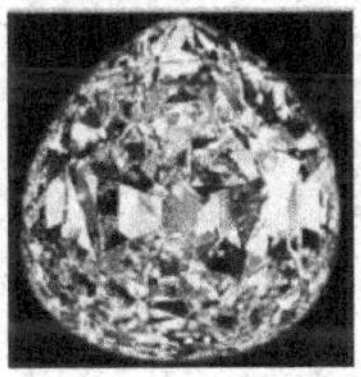

图11

图12

图13

三、课堂小结

(1) 大家用这节课学会的研究方法，课后继续研究球体、圆柱体、圆锥体、棱锥等几何体的截面问题。

(2) 在本节课学习的过程中，你学会了怎样的数学研究方法？请你跟大家分享。

5. 创新数学实验教学的评价与思考

(1) 利用数学实验工具，能够发展空间观念。

空间观念的形成基于学生对物体的观察与想象，现实世界中的物体及其关系是学生观察的最好材料。学生利用观察、想象对物体进行分析，这是发展学生空间观念的有效策略。初中阶段，图形的运动、立体几何体的展开、几何体的三视图、几何体的截面等，都是从三维图形向二维图形的转换，是培养学生空间观念的重要载体。所以，利用水立方来探究几何体的截面形状能十分有效地发展学生的空间观念。

(2) 数学实验工具为学生发展空间观念提供观察想象的空间。

空间观念的形成是一个长期积累的过程。观察和描述是发展空间观念的两个基本做法，想象与再现是更高层次的空间观念的表现。活动 1 和活动 2 是从体到面，引导学生发现截面的形状特征及特征形成的主要原因。活动 3 是由面到体，从二维到三维，学生在思考和说理中表述三棱锥的截面形状。学生将获得的数学活动经验充分展现，把握体与面之间的逻辑关系，提高空间想象力。

(3) 数学实验工具为发展空间观念提供推理分析的机会。

发展空间观念有多种途径，但是推理与分析是各种途径的共性，也是必要环节。推理能力是数学素养的重要表现，也是数学课程和课堂教学的重要目标。本实验案例中的 4 个活动，都给学生提供了主动发现和提出问题的机会，在经历合情推理、演绎推理、获得猜想、发现结论、验证猜想、证明结论的过程中，有效发展了学生的推理能力。

2.3.2 圆心究竟“走”了多远

《义务教育数学课程标准(2022 年版)》强调，通过多样化的活动来培养学生的推理能力，如“在观察、操作等活动中，能提出一些简单的猜想”“在观察、实验、猜想、证明等活动中，发展合情推理能力”“在多种形式的数学活动中，发展合情推理和演绎推理的能力”。传统教学通常是“先学后做”(“做”指做题)，重点是强化逻辑证明训练，大多局限于对学生演绎推理能力的培养，学生很少经历探索结论、提出猜想的数学活动过程。数学实验则是以“做”为支架，通过操作、观察等形式，先做后学或边做边学(“做”是指做实验)。数学实验给学生提供足够丰富的活动时间、空间和机会，用来发展学生的数学推理能力，提升数学核心素养。本案例属于运用数学实验实物和数学模型等实验素材，探索圆心运动路径长度的问题，应用的数学知识是苏科版义务教育教科书《数学》九年级上册“圆”中的切线长和弧长公式、圆与正多边形等内容。

1. 数学实验创新案例开发综述

通过调研发现，学生在学完苏科版义务教育教科书《数学》九年级上册第 2 章“圆”之后，对这部分内容的理解仍不够透彻。比如，圆的切线判定定理和性质定理、切线长定理、扇形面积公式和弧长公式等，将直接影响学生对这些知识的应用。为了解决这个问题，我们根据学生比较喜欢动手做数学实验的特征，结合学习目标设计了“圆心究竟‘走’了多远”的创新案例。这个数学实验教学案例创造性地把圆的知识与数学实验活动完美地融合在一起，让学生在“做”数学中学习、巩固、运用数学知识，培养学生的数学探究能力、推理能力，提升学生的数学核心素养，让学生积累数学活动的经验。

2. 数学实验创新案例解决的主要问题

(1) 学生通过数学实验，探究圆在图形内外滚动时，圆心经过的路径长。

(2) 学生在操作、观察、猜想、归纳中发展合情推理能力，利用计算、证明等实验活动发展演绎推埋能力。

(3) 通过数学实验，积累活动经验，感受数学文化，落实学科育人目标。

3. 数学实验教学的准备

授课对象是九年级学生，需要学完苏科版义务教育教科书《数学》九年级上册全部内容。全班共分为若干个小组，每组 5～7 人，教学时长 45 分钟。每组已准备的模型类实验工具有：半径为 1 cm 的塑料圆片 1 个，半径为 3 cm 的圆圈 1 个，边长为 4 cm 的正方形框架 1 个，边长为 6 cm 的正三角形框架 1 个，万花尺 1 套，五彩笔 1 盒，尖头细木棒若干根，炫彩纸 4～6 张，三角尺 1 副，量角器、圆规各 1 个。

4. 基于数学模型类实验专题教学课例

数学实验教学案例

圆心究竟“走”了多远

活动 1 探究内滚圆的圆心运动路径长

(1) 圆与圆内切时圆心运动路径长。

① 操作与计算：如图 1 所示，将笔尖插入小圆片的圆心，使小圆沿着大圆圈内滚一周，圆心 O 运动的路径是多长？

② 猜想并验证：如图 1 所示，若$\odot O$ 的半径为 r，$\odot O'$的半径为 R，点 O 运动的路径是多少呢？

【设计分析】 九年级学生已学完圆的相关知识，活动 1 对他们来说比较容易，低起点能使学生快速融入课堂。从猜想到验证，运用合情推理和演绎推理。

(2) 圆与正多边形内切时圆心运动路径长。

① 操作与验证：如图 2 所示，将笔尖插入半径为 1 cm 的小圆片的圆心，放在边长为 4 cm 的正方形框内，小圆片切正方形边滚动一周，求点 O 运动的路径长并予以验证。

② 类比与思考：如图 3 所示，若将①中的小圆片放在边长为 6 cm 的正三角形框内，小圆片切正三角形边滚动一周，点 O 运动的路径长是多少呢？若框架是边长为 6 cm 的正六边形呢？

③ 猜想与归纳：如图 4 所示，若半径为 r 的⊙O 在边长为 $a(a>2r)$ 的正 n 边形内，切正 n 边形的边滚动一周，先猜想点 O 运动的路径长，再归纳出一般结论。

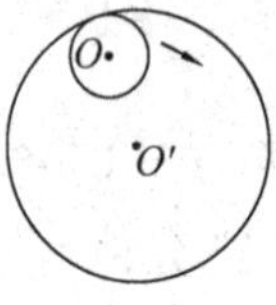

图 1

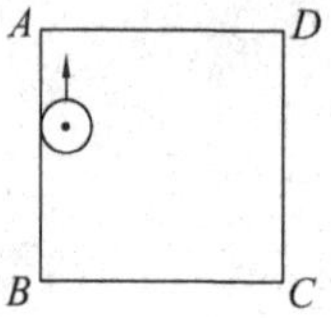

图 2

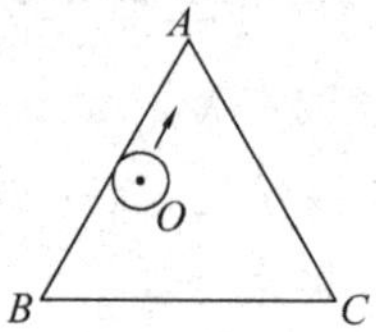

图 3

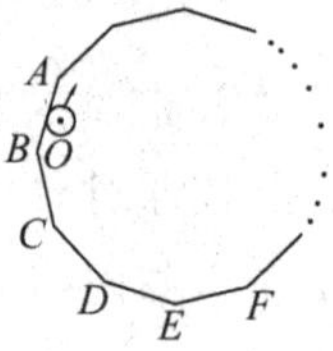

图 4

【设计分析】 从圆与圆内切到圆与正多边形内切，需要数学知识和逻辑推理能力的迁移。圆在正方形中的内滚路径比较直观，是接下来活动经验的基础。学生从“操作”中得到路径长如图 5 所示，由 4 段正方形边长减 2 倍半径组成，计算得 $4\times(4-2)=8$ cm。“类比”既有活动经验类比，又有验证方法类比。如图 6 所示，圆片滚动至与 AB，AC 相切时，圆心 O 恰在$\angle BAC$ 的平分线上，则 $AD=\sqrt{3}$ cm，路径总长为 $3\times(6-2\sqrt{3})=(18-6\sqrt{3})$(cm)。如图 7 所示，类比正三角形便能得到路径总长为 $6\times\left(6-\frac{2\sqrt{3}}{3}\right)=(36-4\sqrt{3})$(cm)。学生根据①②的活动经验和验证方法，由特殊到一般，借助抽象、类比提出猜想，运用演绎推理证明猜想的合理性。如图 8 所示，小圆片与$\angle A$ 的两边相切，设圆心到边的距离为 r，$\angle O_1AP=\frac{(n-2)\cdot 180^\circ}{2n}$。在 $\mathrm{Rt}\triangle O_1AP$ 中，$AP=\frac{r}{\tan\frac{(n-2)\cdot 180}{2n}}$，而 $O_1O_2=PQ=a-2AP=a-2\frac{r}{\tan\frac{(n-2)\cdot 180}{2n}}$，所以关于点 O 的运动路径长的一般结论是：$l=n\cdot O_1O_2=n\left[a-2\frac{r}{\tan\frac{(n-2)\cdot 180}{2n}}\right]=an-\frac{2nr}{\tan\frac{(n-2)\cdot 180}{2n}}$。

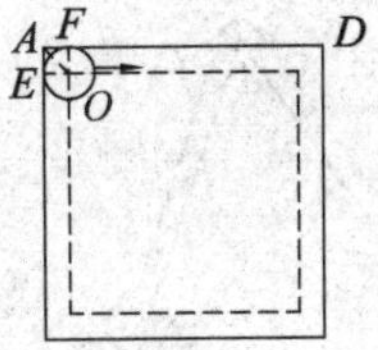

图 5

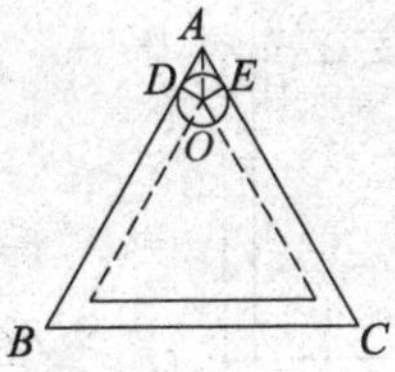

图 6

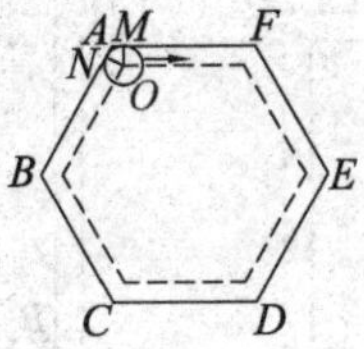

图 7

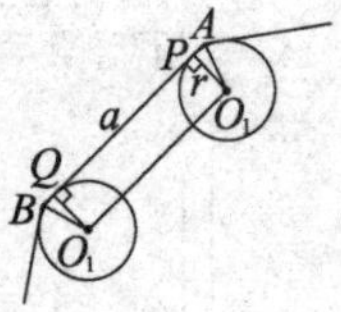

图 8

活动 2 探究多边形外滚圆的圆心运动路径长

(1) 操作与观察：如图 9 所示，将笔尖插入半径为 1 cm 的小圆片的圆心，放在边长为 4 cm 的正方形框外部，沿着正方形边框滚动一周，此时圆心 O 运动的路径长是多少？

(2) 类比与思考：如图 10 所示，当小圆片在 $\triangle ABC$ 外沿着边滚动一周，若 $\triangle ABC$ 的周长是 12 cm，类比(1)画图并求圆心 O 运动的路径长。

(3) 猜想与验证：如图 11 所示，半径为 r 的 $\odot O$，在多边形外部，沿着多边形的边滚动一周，若多边形的周长是 C，试问圆心 O 运动的路径长是多少？并验证猜想是否正确。

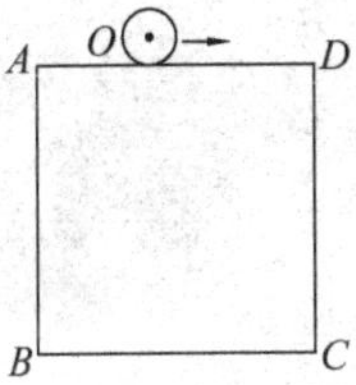

图 9

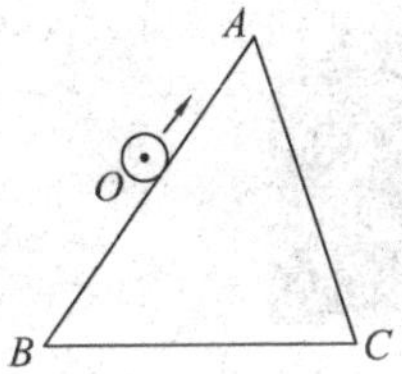

图 10

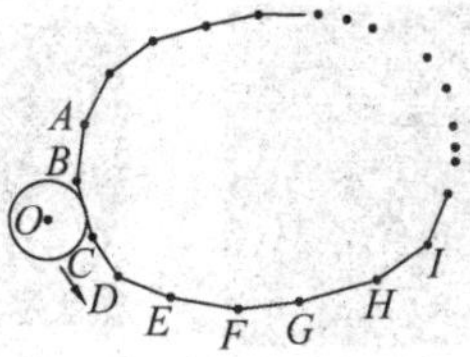

图 11

【设计分析】 小圆片在正方形顶点的运动路径被很多同学画成图 12，错误原因是学生操作不到位，观察不细致，推理不严谨。在顶点处小圆片圆心的路径究竟是“拐点”还是“拐弯”呢？学生能否观察出正确结果是接下来推出一般结论的关键。正确情形如图 13 所示，点 O 的运动路径是半径为 1 cm、圆心角为 90°的弧，四个顶点处的圆心角之和是 360°，因此圆心运动的路径长是 $4\times4\text{ cm}+\dfrac{90^\circ\times\pi\times1\text{ cm}}{180^\circ}\times4=(16+2\pi)\text{cm}$。对于(2)，学生只需类比(1)画出图 14 就能顺利解决。对于(3)，由数字到字母，从特殊到一般，学生紧扣两个思考点“圆心的运动总路径是由几部分组成的”“顶点处的旋转角之和仍是 360°吗”，用已有的活动经验提出猜想，用演绎推理进一步证实，最后总结得出圆心运动的路径长是 $(C+2\pi r)$cm。

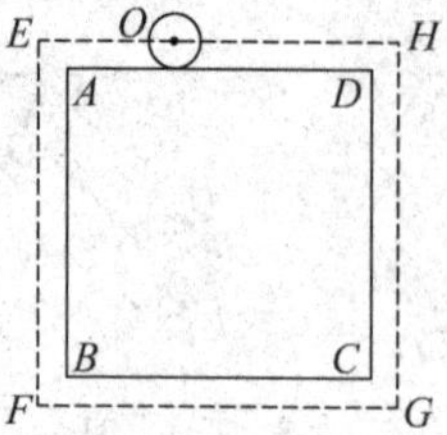

图 12

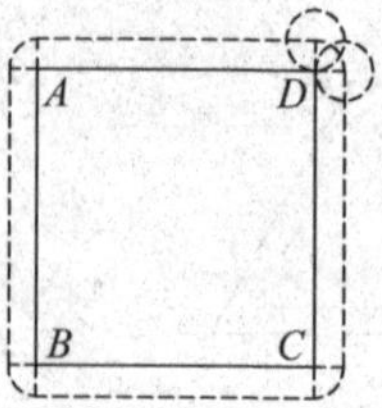

图 13

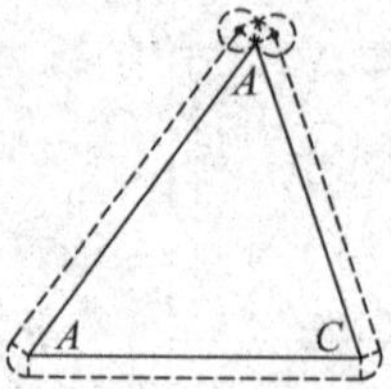

图 14

活动 3 实验之美

如图 15 所示是一副万花尺，将笔尖插入小孔，使其在大、小尺内外滚动起来，交流、展示笔尖的运动路径图案。

【设计分析】 活动 3 与活动 1 和活动 2 相呼应，使学生体验实验之美，感受和数学实验相关的“繁花曲线”之美。如图 16、图 17 所示，学生用竹签或五彩笔插入万花尺在白纸或炫彩纸上画出如图 18 所示的美丽图案。同时教师向学生介绍“繁花曲线”的创作人杨秉烈先生，讲述他发现和创作“繁花曲线”的经历，激励学生要善于发现，勇于创新。

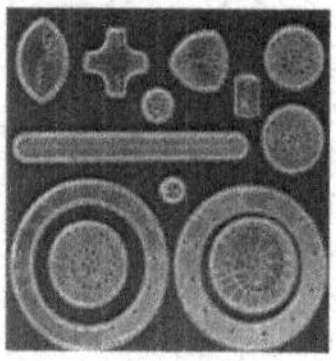

图 15

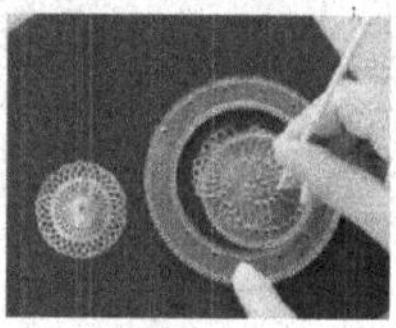

图 16

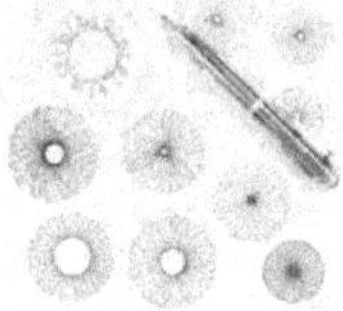

图 17

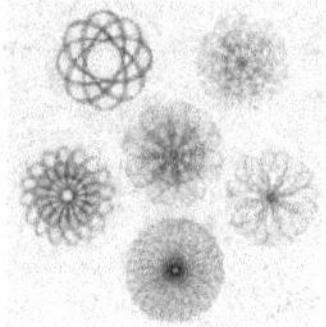

图 18

5. 数学实验创新案例的评价与思考

该数学实验创新案例是以“做”为学习支架，学生运用相关实验工具，通过实际操作，提出猜想、验证结论、理解数学知识。在实验活动过程中，学生使用合情推理进行归纳、类比、猜想，并用演绎推理给予证明。数学实验为学生推理能力的发展提供了适宜的问题情境，给推理能力发展以足够的活动空间和机会，因此它是一种发展学生推理能力的有效方式。本教学案例首先用问题情境激发学生的探究兴趣和求知欲，学生边操作边观察，边尝试边思考。其次，用开放性问题情境给学生推理能力的发展留有余地，这些问题情境的结果都是开放的、多元的，学生要经过数学实验操作和验证才能做出论断。最后，用可操作性问题情境将数学知识化抽象为具象，使学生变“想数学”为“做数学”，变被动接受为主动探究，学生的推理能力和探究意识在具象化的数学实验活动中得到锻炼。

2.3.3 小尺子，大能量

数学实验是为了探索数学知识、检验数学结论（或者假设）而进行的某种操作或思维活动，是学生通过观察、操作、实验等实践活动进行数学学习的一种有效方式。但是，很多教师以为，开展数学实验活动或者数学实验教学是一件高大上的事情，有的实验还需要购买数学实验工具，甚至还要操作一些比较复杂的教学软件，对教师个人的能力要求较高。所以很多教师对数学实验望而却步，或者产生一种莫名的恐惧感、抗拒感。其实，在数学教学过程中，我们随时、随地、随手都可以做数学实验，充分利用实物直观或几何直观来解决复杂的数学问题。比如，我们手中的一副三角尺就是很好、很得力的数学实验工具。

1. 数学实验创新案例开发综述

在数学学习中三角尺既是一种教具也是一种学具，作为数学工具常常发挥着辅助学生学习的作用。但在平时的数学教学中，对于三角尺的运用仅仅停留在画直线、画特殊角度（如 30°，45°，60°，90°），或者画平行线、垂线。这些操作只是将三角尺作为师生的绘图工具，并没有用它发展学生的数学思维，甚至引发学生深入思考。我们可以研究三角尺拼角、三角尺拼图、三角尺平面运动（旋转、平移、翻折）、三角尺堆积、三角尺命题等知识，引发学生动手操作，深入思考数学规律，探寻数学工具的奥秘。

2. 该数学实验创新案例解决的问题

三角尺是我们最为熟悉的测量和作图工具。工具虽然很小，也比较简单，但是可以在初中数学学习、教学、命题及解题中发挥启迪思维、培养探索能力的大作为。例如，“翻折、平移、旋转”是几何图形最基本的变换，我们可以利用这三种图形运动将两块三角尺组合成新的图形，巩固求图形面积、求某个角的度数、三角形全等、锐角三角函数、三角形相似等知识。通过三角尺重叠，求解角度，渗透转化、数学建模等数学思想。操作三角尺的过程是一个观察、猜想、推理的过程，能很好地锻炼学生总结、归纳的能力。

3. 数学实验教学的准备

三角尺两副、铅笔、量角器、17°角模板、19°角模板。

4. 基于数学模型类专题实验教学课例

数学实验教学案例

小尺子,大能量

一、三角尺组拼,探究结论更快捷

苏科版义务教育教科书《数学》七年级上册“角”第二课时中有一些特殊角可以用一副三角尺画出,究竟是哪些特殊角度呢?教材并没有直接给出结果。这时教师可以引导学生采用小组合作的方式利用手中的三角尺进行实验探究,用“做”的方式探寻结论。

实验设计:

(1) 只用一副三角尺能拼出哪些小于平角的角?请参照图1所展示的拼法,并标上角的度数。

(2) 以上拼出的角度数有何规律?

(3) 用两副三角尺能拼出哪些角度呢?

(4) 如图2所示,现有17°和19°的模板,请你设计方案画出2°的角和1°的角。想一想,你还能画出哪些度数的角?

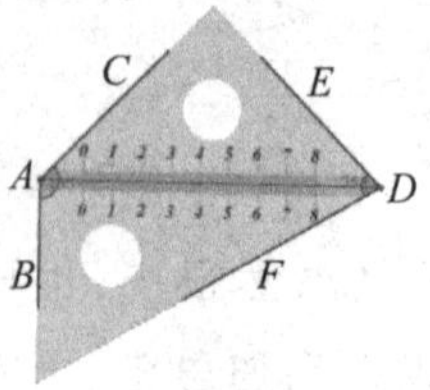

图1

图2

(5) 现有如下角度的模板,分别能画出哪些角度?请设计出画角方案,再总结规律。

① 10°和30°;

② 5°和8°;

③ 12°和18°。

【设计意图】 角是学生进入初中后学到的第一个组合图形,是研究垂直、平行、三角形、多边形等几何知识的基础。利用三角尺画特殊角是对角概念的深化。学生通过实验探究掌握了利用三角尺的30°,45°,60°,90°角拼角的规律,为今后学习更深层次的数学知识做准备。本次实验探究并没有在得到特殊角组合规律后就戛然而止，而是继续引导学生将特殊的情况一般化，对 17°和 19°、10°和 30°、5°和 8°等拼角问题再探究，得到任意角度拼角的一般规律，将探索活动推向了更高的思维层次，有效发展了学生的数学核心素养。

二、三角尺组搭，概念教学更直观

课堂教学中，有些知识仅靠教师讲，学生会出现概念混淆或印象不深刻的现象，有时会错过最佳学习时机，这时教师就可以利用三角尺当堂演示，使概念变得直观，学生理解起来更容易。

(1) 余角与补角概念。

若两角之和是 90°，则称两角互余；若两角之和是 180°，则称两角互补。教学中，教师可以利用一副三角尺按如图 3(1)所示的位置摆放，图中$\angle\alpha$与$\angle\beta$之和为 90°，所以两角互余；按图 3(2)所示的位置摆放三角尺，$\angle\alpha$与$\angle\beta$之和为 180°，所以两角互补。并且图中$\angle\alpha$与$\angle\beta$的大小还能随着三角尺的转动而改变，但是两角互余或互补的特征不变。教师这样演示概念，形象、直观、易懂。

(2) 作已知直线的平行线，感受唯一性。

在教学“认识平行线”时，教师提出问题：过直线外一点如何画已知直线的平行线？是否具有唯一性呢？教师可以将一个三角尺沿着另一个三角尺的一边向上推，如图 4 所示，当经过已知点时停止，根据“同位角相等，两直线平行”可得 $AB /\!/ A'B'$，经过该点有且只有一条直线与已知直线平行，唯一性被体现得淋漓尽致。

(3) 验证定理，确定圆心。

当要确定已知圆的圆心时，根据“90°的圆周角所对的弦是直径”，教师可以将三角尺的直角顶点放在圆周上，如图 5 所示，连接交点 A，B 得到一条直径。再将直角顶点在圆周上换一个位置，得到另一条直径，两条直径的交点就是该圆的圆心，画法简单且有理有据。

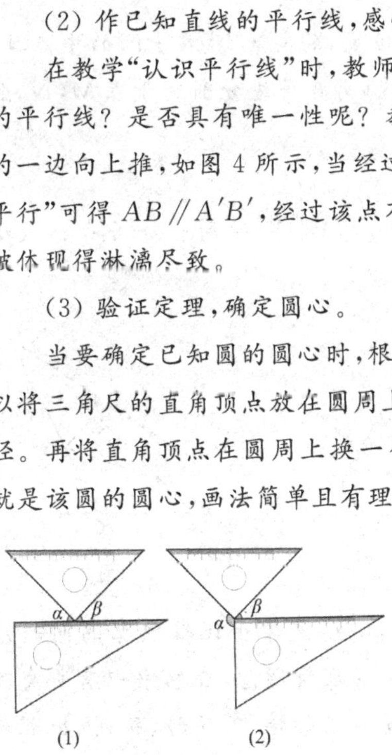

图 3

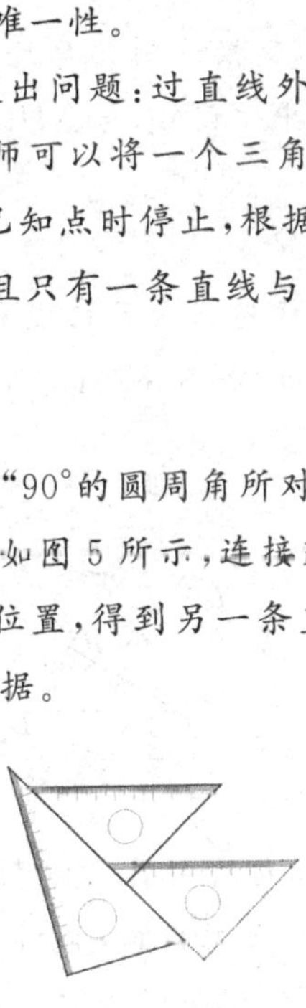

图 4

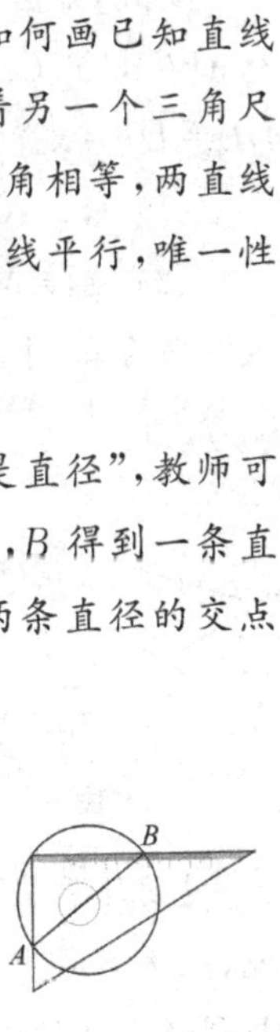

图 5

【设计意图】 数学知识具有抽象性，特别是部分数学概念或定理。为了能在惜时如金的课堂上给学生留下深刻印象，教师可以随手使用三角尺对所教知识进行直观演示。这种演示教学胜过不厌其烦地说教。

三、三角尺组合，命题背景更熟悉

教师需要通过考试来评价学生，命制试题时以三角尺为背景。该背景下的试题学生比较熟悉，贴近认知实际，学生容易根据题意对三角尺进行重叠、翻折、旋转、平移等变换操作。这样的操作能够极大地激发他们的探究兴趣，积累活动经验。

如图 6 所示，将一副三角尺（在 Rt$\triangle ABC$ 中，$\angle ACB=90°$，$\angle B=60°$；在 Rt$\triangle DEF$ 中，$\angle EDF=90°$，$\angle E=45°$）按图示位置摆放，且点 D 为 AB 的中点，DE 交 AC 于点 P，DF 经过点 C。

（1）求$\angle ADE$ 的度数。

（2）如图 7 所示，将$\triangle DEF$ 绕点 D 按顺时针方向旋转角 α（$0°<\alpha<60°$），此时的等腰直角三角形记为$\triangle DE'F'$，DE' 交 AC 于点 M，DF' 交 BC 于点 N，试判断$\dfrac{PM}{CN}$的值是否随着 α 的变化而变化。如果不变，请说明理由。

变式：如图 8 所示，交换这副三角尺的位置，将点 C 放在 EF 的中点处，$\triangle ABC$ 以点 C 为旋转中心旋转，与$\triangle DEF$ 的两直角边分别交于点 M，N，且 $DE=DF=4$。

（1）求证：$CM=CN$。

（2）连接 MN，在旋转三角尺的过程中，$\triangle MDN$ 的周长是否存在最小值？若存在，求出最小值；若不存在，请说明理由。

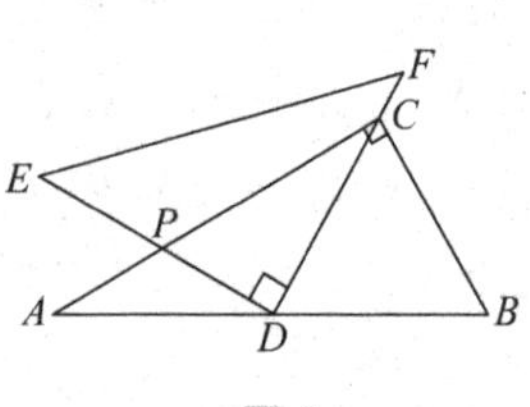

图 6

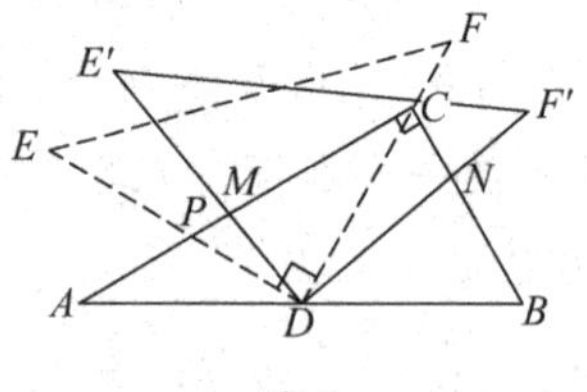

图 7

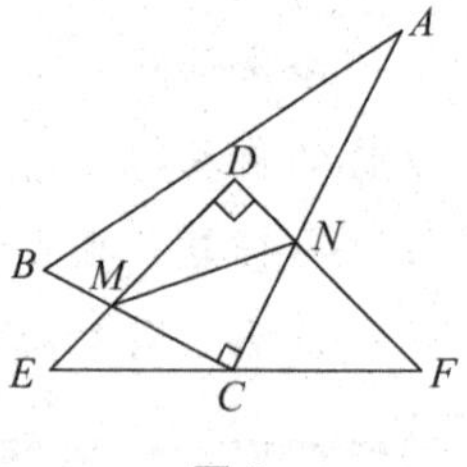

图 8

【设计意图】 以三角尺为背景命制的试题，是学生比较熟悉的问题情境，能缓解学生考试时紧张的情绪，有利于学生理解题意，在感悟中有所突破与创新。这种命题方式很容易引导学生主动地进行操作、实验、猜想、推理与证明。学生能深切感受到三角尺中蕴藏着丰富的数学知识，会被小工具的巨大能量所折服，学生能在直观形象的数学情境中感受到数学的魅力。

四、三角尺摆搭，破解难题更轻松

在近几年的中考压轴题中，有一类以三角尺操作为主体的综合型试题。这类题以探究为主线，把论证、计算、抽象等融入进去，富含观察、猜想、归纳等合情推理成分，使原本单调的数学题变得活泼灵动起来，是数学实验与逻辑推理的结合体。解决这类试题，需要学生具备较强的操作能力、观察能力。例如，2017 年江苏省镇江市中考数学压轴题第二问：

如图 9 所示是同学们熟悉的一副三角尺，一个含有 30°的角，较短的直角边长为 a；另一个含有 45°的角，直角边长为 b。如图 10 所示，小明用两副这样的三角尺拼成一个平行四边形 $ABCD$，用两种不同的方法计算它的面积，从而推出 $\sin 75^\circ=\frac{\sqrt{6}+\sqrt{2}}{4}$。如图 11 所示，小丽用两副这样的三角尺拼成一个矩形 $EFGH$，也推出 $\sin 75^\circ=\frac{\sqrt{6}+\sqrt{2}}{4}$。请你写出小明和小丽推出 $\sin 75^\circ=\frac{\sqrt{6}+\sqrt{2}}{4}$的具体过程。

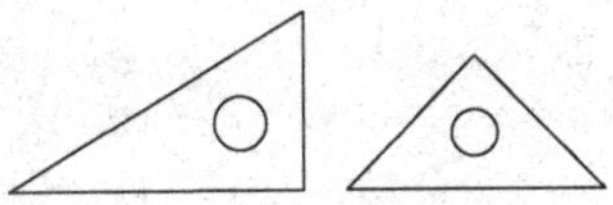

图 9

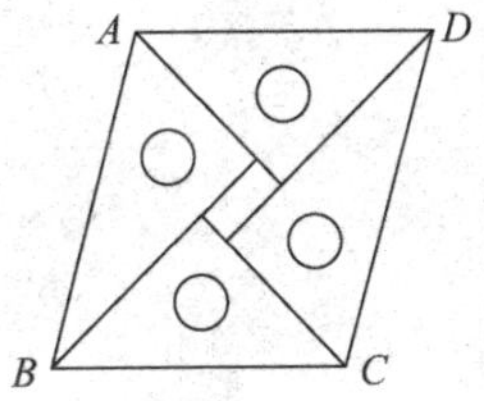

图 10

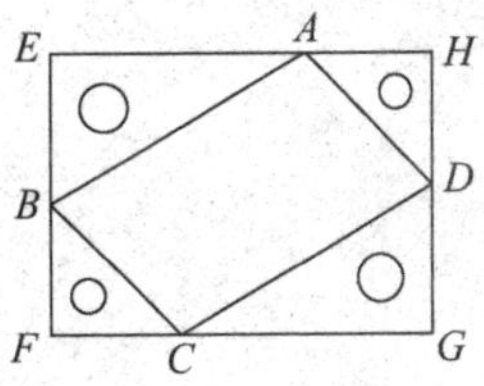

图 11

【设计意图】 压轴题的第二问要求写出推导 $\sin 75^\circ=\frac{\sqrt{6}+\sqrt{2}}{4}$的具体过程，为解决第三问做铺垫。如果仅仅通过观察或想象来解决问题，难度的确会很大。学生可以利用手中的三角尺构图。小明的做法中$\angle ABC=30^\circ+45^\circ=75^\circ$，而小红的做法中$\angle ABC=180^\circ-60^\circ-45^\circ=75^\circ$，只要再添加辅助线构成直角三角形，利用对边比斜边就可以求出正弦值。由此再去破解最后的关键问题就会很轻松。

5. 数学实验创新案例的评价与思考

(1) 工具虽小，但适切性高。

适切性是指某事物与其所处环境中诸多因素的相关程度，通常表现为适当、恰当或合适等特征。初中数学实验是学生运用相关工具，在数学思维的作用下，手脑并用，以实际操作为特征的验证或探究活动。三角尺是最常见的小工具，但它与教学的适切性很高。当结论未知时可用其探究；当解题思路受阻时可用其拼图、旋转，再突破；当知识理解有困难时可以用其拼摆，显直观。其实，数学实验工具都很“小”，但在教与学中发挥的作用却很“大”。例如，最普通的A4纸，可在“折平行线”“折三角形三线”“展开与折叠”“剪纸与轴对称图案”等20多个探索或验证类实验中使用，占到初中数学实验总数的近四分之一。数学工具虽“小”，但它能将数学实验由直观上的“做”转化为探究规律、结论验证，实现了知识的自我建构，能够真正体现数学实验的价值。

(2) 实验虽小，但指向深远。

初中数学实验是一种教与学互相促进、共同成长的活动方式。数学实验是数学知识学习的重要方式，能对数学学习产生有效的促进作用。利用三角尺所做的数学实验虽然很小，但学生经历了知识由不确定到确定的渐进过程，能够积累数学活动经验，使“知”与“情”和谐发展，对于应用意识和创新能力的提高等具有十分重要的意义。

第3章　技术类实验资源的开发与实践

《义务教育数学课程标准(2022年版)》指出，合理利用现代信息技术，提供丰富的学习资源，设计生动的教学活动，促进数学教学方式、方法的变革。在实际问题的解决过程中，创设合理的信息化学习环境，提升学生的探究热情，开阔学生的视野，激发学生的想象力，提高学生的信息素养。辅助初中生学习数学的信息技术主要包含硬件和软件两类。辅助数学教学常用的信息技术硬件主要包括计算机、图形计算器、实物展台、多媒体显示器等；辅助数学教学的信息技术软件中，使用率较高的是几何画板、GeoGebra、网络画板等操作类演示软件。例如，几何画板软件是使用最频繁的软件之一，其快捷、精准的绘图操作，智能的几何变换，直观的动态演示等功能，使学生在观察、探索、发现的过程中深化对各种数学图形的感性认识，形成丰富的几何认知经验，促进对数学问题的深入理解和思考。在初中数学课堂教学中如何充分发挥几何画板的功能，使课堂教学效果达到最优化，已成为当前课程改革中值得探索和研究的一个课题。

3.1 几何画板类实验资源的开发与实践

3.1.1 彩票中奖的概率

1. 数学实验创新案例内容分析

概率是初中数学“统计与概率”领域的一个重要内容。19 世纪法国著名数学家拉普拉斯曾说“生活中最重要的问题，绝大多数在实质上只是概率的问题”。古典概率是概率中的一种。古典概率的计算公式是 $P(A)=\frac{A\text{包含的基本事件个数}}{\text{基本事件总数}}$。例如，一个不透明的口袋里有 5 个除颜色外都相同的球，其中 4 个红球、1 个黑球，从口袋里随意摸出 1 个球，摸到红球的概率是多少？这就是一个计算古典概率的问题。但事实上，在实践中随机事件发生的概率与古典概率公式计算得出的结果并不一致。比如，抛一枚硬币，理论上正面朝上的概率是 50%，但当你抛 10 次硬币后却发现，正面朝上的概率并不一定是 50%，也许是 20%，甚至更小或更大，为什么呢？学生百思不得其解。这是因为学生在学习概率时，只学习了根据概率公式计算概率的值，并不理解概率的实质是对随机事件发生可能性大小的衡量。在实际操作中，只有经过大量重复性实验，该随机事件发生的频率最终将稳定在一个数值附近，而这个数值就是该随机事件发生的概率。彩票中奖是随机事件，在中奖概率很小的情况下到底能不能中奖呢？本实验案例先带领学生使用几何画板软件设计摇奖程序，再完整模拟购买彩票、等待开奖、摇号、兑换奖励的过程，让学生亲身感受概率很小的随机事件也是可以发生的，培养学生积极、乐观的生活态度。

2. 数学实验目的与程序设计

【实验目的】

(1) 通过概率计算，研究随机事件发生的可能性大小。

(2) 完整模拟 7 位数体育彩票的程序设计、投注、开奖、兑奖的过程，让学生体会随机事件发生的概率。

【程序设计】 学生在教师的指导下，在计算机上利用几何画板制作一个

“体育彩票抽奖”小程序，具体制作步骤如下：

(1) 新建参数，编辑属性，删除标签，将精确度设定为“单位”。

(2) 采用“复制”“粘贴”的方式得到另外 6 个参数。

(3) 同时选中以上 7 个参数，单击“操作类按钮”→“动画”，将标签修改为“开始/结束”。每个参数“动画”均设定为：方向“随机”，改变一次数值“每 0.02 秒”，范围“－0.5 到 9.5”，如图 1 所示。

(4) 单击“开始/结束”按钮进行调试，在 7 个参数的上方输入文本“体育彩票”，并保存小程序，将文件命名为“模拟 7 位数体育彩票开奖.gsp”，如图 2 所示。

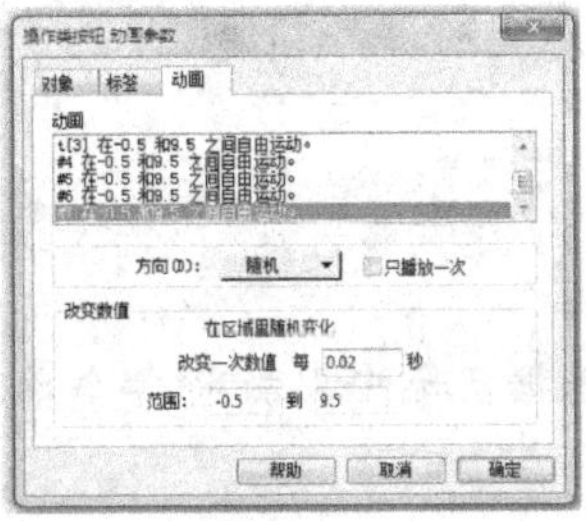

图 1

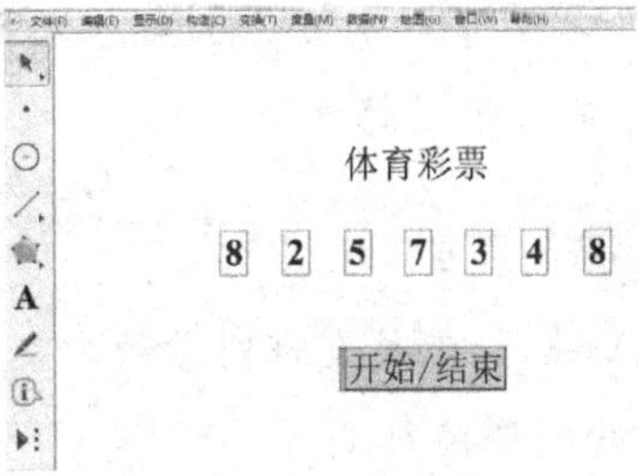

图 2

3. 数学实验教学案例

数学实验教学案例

体育彩票中奖的概率

【教学目标】 通过设计 7 位数体育彩票开奖程序，学生经历模拟开奖的过程，体会随机事件发生的概率。

【实验工具】 安装了几何画板的计算机。

【实验过程】

活动 1 了解开奖规则

教师出示 7 位数体育彩票的投注和开奖规则，使学生全面了解特等奖、一等奖、二等奖、三等奖、四等奖、五等奖的中奖规则。

【设计意图】 彩票中奖在生活中经常被媒体报道，多数学生没有参与过，所以对体育彩票的投注和开奖规则并不了解。因此，这节课首先让学生全面了解完整的游戏规则，这对后面的数学实验活动将产生积极影响，特别有利于学生理解随机事件发生的概率问题。

活动 2 模拟实验

(1) “购买”彩票：在纸上写出你认为可能中奖的 5 组 7 位数。

(2) 开奖：打开“模拟 7 位数体育彩票开奖.gsp”程序，单击“开始/结束”按钮，运行一段时间，再次单击“开始/结束”按钮，此时显示的 7 位数就是开奖的结果。

(3) 兑奖：按照规则，查看自己“购买”的彩票是否中奖以及获得的奖项。

【设计意图】 教师让学生体验实际生活中彩票开奖活动的流程，经历“购买”、开奖、兑奖的全部过程，启发学生计算自己“购买”的彩票中奖的概率，引导学生通过“购买”彩票，体验随机事件发生的概率问题，以此了解实际生活，感悟数学思想方法。

活动 3 思考

(1) 统计、汇总全班同学的中奖情况，并根据实际中奖数将各个奖项按从小到大的顺序排列。

(2) 根据中奖规则，计算购买 1 张彩票中特等奖或一等奖的概率。

(3) 比较模拟开奖概率和实际中奖概率，说说你的想法。

(4) 原理解密：右击“开奖”按钮，查看“属性”。各参数的范围为什么是“−0.5—9.5”，而不是“0—9”？

【设计意图】 实验教学的最后要让学生了解彩票中一、二、三等奖的概率，对各自的可能性做比较，全面了解彩票中奖的学科道理。通过查看“属性”，了解各个数位上的参数变化范围，探究为什么是“−0.5—9.5”而不是“0—9”，这有助于学生今后继续学习与统计、概率相关的知识。

4. 数学实验创新设计的评价与思考

模拟型数学实验教学强调主体的参与意识，技术工具能够给模拟型数学实验教学提供客观的实验环境。通过模拟实验能加快学生对某个数学规律(结论)的认识速度，缩短认识进程。相比验证型数学实验，学生的主观能动性有所增强。该数学实验的目的是让学生真实体验等可能条件下随机事件的发生概率，利用几何画板软件的动态功能进行全真模拟。首先，教会学生操作几何画板，设计出实验内容需要的运行程序，让学生感受到实验结果的客观性。其次，模拟型数学实验教学不能将教学目标仅停留于模拟层面，应该让实验活动与数学思考同行。学生经历购彩票、开奖、中奖、兑奖的活动，体验“可能性很小的随机事件仍有可能发生”“中奖的概率小于不中奖的概率”“中五等奖的概率大于中四等奖的概率,中四等奖的概率大于中三等奖的概率”,等等。学生置身于真实的情境中,期待中奖的心情能激发他们主动对彩票中奖结果进行统计与分析、计算与归纳等探究。模拟型数学实验采用手脑并用的学习方式,要求学习主体具有较强烈的主观能动性。实验活动中的思考使数学逻辑得到沉淀,实验活动回归理性,使学生对数学知识的认识更加全面。

3.1.2 动感的函数图像

1. 数学实验内容分析

义务教育阶段学习的函数主要包含一次函数、反比例函数、二次函数三种类型。在学习函数图像与性质时,传统的教学方式是让学生采用列表、描点、连线的方法画出函数图像。以画反比例函数图像为例,学生在列表时,为使计算简便,通常将自变量取为整数,并且为了体现反比例函数图像的对称性,往往会把自变量的取值确定为互为相反数的数值,因此描出的点个数有限,对称分布在两个象限。在“连线”环节经常出现如图 1 所示的“折线”。老师为了告诉学生这个函数图像是不正确的,需要花心思,还要让学生发挥想象力,想象一下在两个点之间还有无数个点存在,这无数个点是因为受到列表的限制,没有办法在平面直角坐标系中描出来。反比例函数的图像实际上是两条平滑的无限靠近两坐标轴的曲线。这种静态的反比例函数图像的画法会使学生对反比例函数图像的相关问题无法理解,甚至还会对学习其他函数产生负面影响。面对这样的问题该如何解决呢?我们的建议是将传统方法与现代技术相融合,即在函数图像的教学中,仍先使用列表、描点、连线的方法画图像,然后让学生操作几何画板软件画图。通过对点的坐标设置以及各个参数的动态变化,学生能够很直观地看到函数图像的动态形成过程。本数学实验案例主要展示反比例函数和二次函数的图像与性质,重点研究这两类函数图像在几何画板的环境下如何开展教学,希望能对各位老师的教学有帮助。

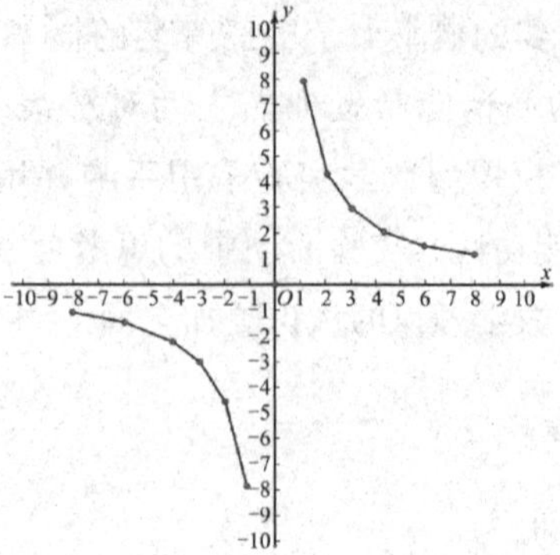

图 1

2. 数学实验目的与实验准备

【实验目的】

(1) 引导学生应用几何画板软件,通过设置、操作、画图等过程,动态形成函数图像,并结合图形归纳其性质。

(2) 学生通过数学实验,用动态的形式画出函数图像,在实验活动中积累数学活动经验,形成学习能力,提升数学核心素养。

【实验准备】 学生已经掌握反比例函数的概念、二次函数的概念及几种形式,每个学习小组需要有一台安装了几何画板软件的计算机。

3. 数学实验专题教学案例

数学实验教学案例一

反比例函数的图像

一、反比例函数图像的传统画法

(1) 请同学们回忆:如何画函数图像?主要的画图步骤是什么?

(2) 请你使用以上步骤在平面直角坐标系中画出 $y=\frac{3}{x}$ 和 $y=-\frac{3}{x}$ 的图像。

(3) 观察图像,说说这两个函数图像具有哪些性质?并与同学分享。

(4) 你能猜想出 $y=\frac{k}{x}(k\neq0)$ 的图像与性质吗?请予以验证。

【设计意图】 首先让学生回顾画函数图像的一般方法和步骤,为接下来画反比例函数图像做准备。然后引导学生通过观察 $y=\frac{3}{x}$ 和 $y=-\frac{3}{x}$ 的图像，猜想反比例函数的一般形式 $y=\frac{k}{x}(k\neq 0)$ 的图像及性质，这个环节也能让学生感受到反比例函数图像的传统画法比较费时，而且精确度不高。

二、用几何画板画反比例函数的图像

1. 设计画图过程

① 如图 2 所示，新建平面直角坐标系。

② 新建参数 x。

③ 如图 3 所示，单击“计算”，求得 $-\frac{3}{x}$ 的值，作为点的纵坐标。

④ 如图 4 所示，在数据中，单击“制表”，不断增减 x 的值，纵坐标的值也在不断变化。

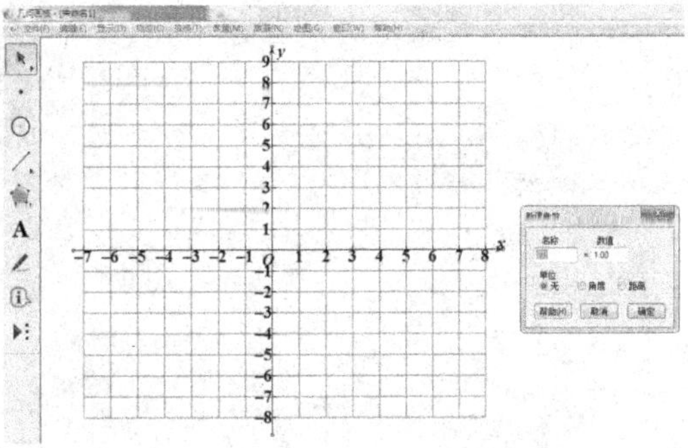

图 2

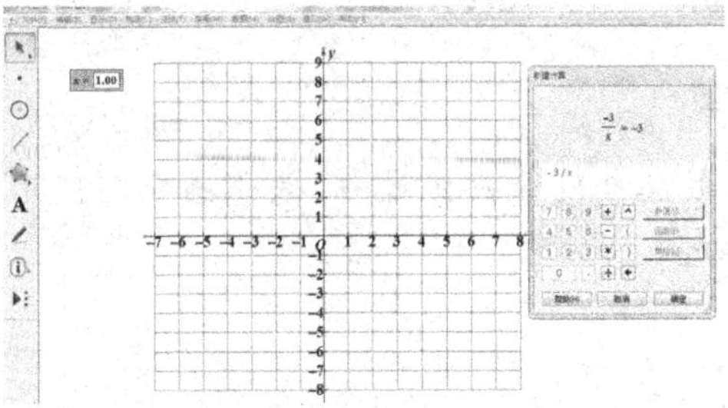

图 3

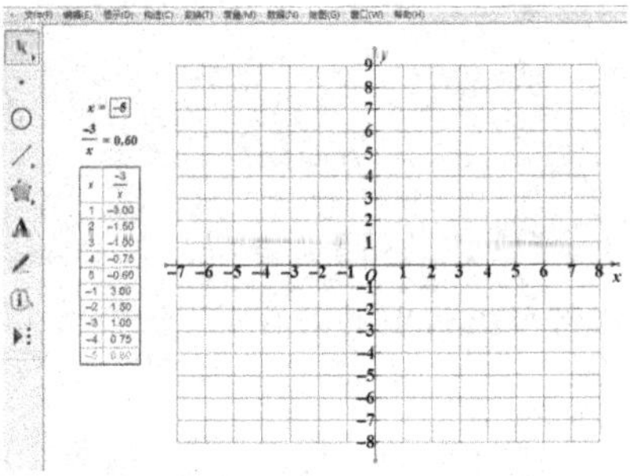

图 4

⑤ 如图 5 所示，标记坐标系，绘制表格中的点。

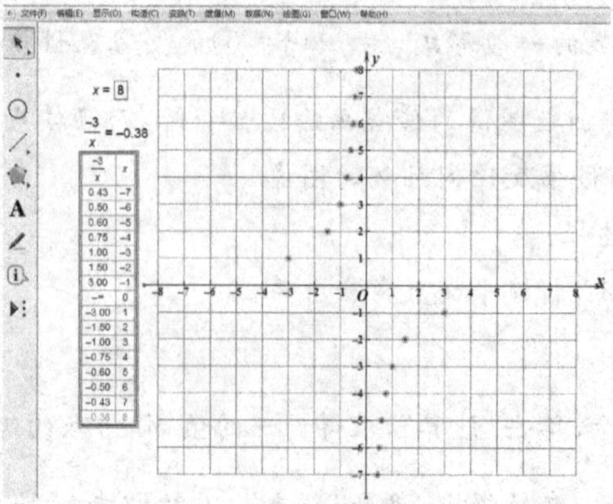

图 5

⑥ 如图 6 所示,在 x 轴上取点 B 并度量横坐标,计算 $-\dfrac{3}{x}$ 的值,再绘制这个点 Q。

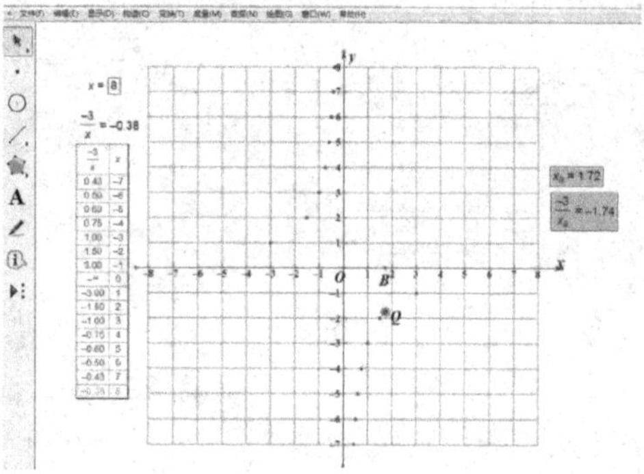

图 6

【设计意图】 借助几何画板,学生亲自设计画图过程,充分感受到使用几何画板画图的科学性、合理性、实操性。

2. 实验与思考

① 拖动点 B,并追踪点 Q。

② 如图 7 所示,观察点 B 的横、纵坐标变化情况,以及点 Q 的运动路径。

③ 观察 $y=-\dfrac{3}{x}$ 的图像并说说该反比例函数具有怎样的性质。

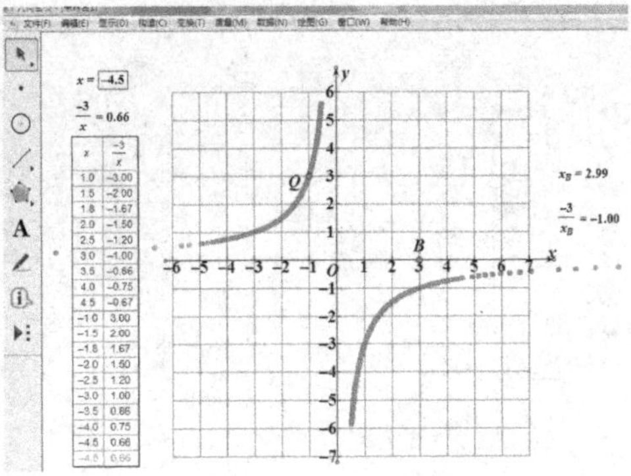

图 7

【设计意图】 用几何画板做实验，学生在观察中总结规律，得到反比例函数的图像及其性质，是本教学案例的最终目标。

数学实验教学案例二

二次函数的图像与平移

一、二次函数图像的传统画法

(1) 请你回忆如何画函数图像，主要的画图步骤是什么。

(2) 请你使用以上步骤在平面直角坐标系中画出 $y=2x^2$ 和 $y=-2x^2$ 的图像。

(3) 观察图像，说说这两个函数图像具有哪些性质，并与同学分享。

(4) 你能猜想出 $y=ax^2(a\neq0)$ 的图像与性质吗？

(5) 请根据以上探究过程，研究 $y=ax^2+k(a\neq0)$，$y=a(x+h)^2(a\neq0)$，$y=a(x+h)^2+k(a\neq0)$ 的图像及性质，并与同学分享你的探究历程。

(6) 观察上述图像，说出它们之间的位置关系。

【设计意图】 设计本教学环节有两个目的：一是巩固画函数图像的传统方法与步骤，因为这种画法是最基本的画图方法，能为后续的学习奠定基础；二是将传统画法与现代信息技术的画法做对比，能够凸显出几何画板具有快捷、科学、直观等优势。

二、用几何画板探究二次函数的图像及其变换

1. 设计画图过程

① 如图 8 所示，新建参数 x 为任意值，计算 $2x^2$。

② 选中 x 和 $2x^2$ 制表，x 既要取正数也要取负数。

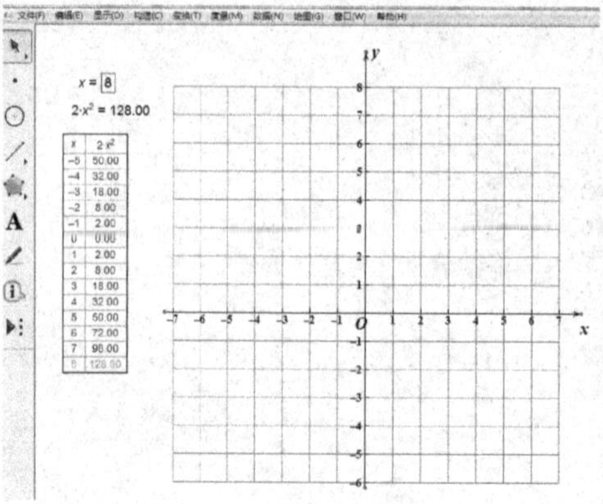

图 8

③ 如图 9 所示，选中坐标系，绘制表格中的点。

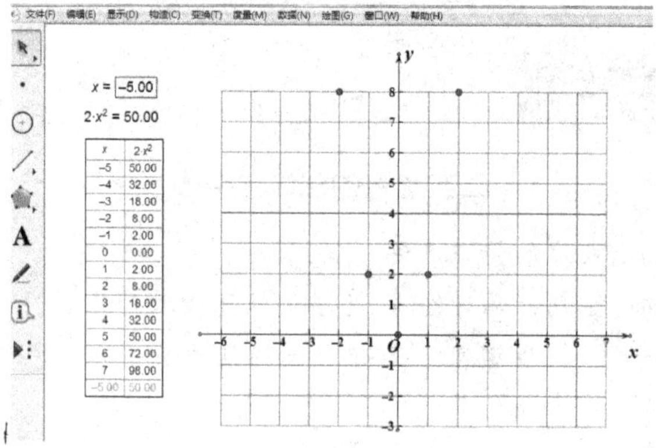

图 9

④ 如图 10 所示，在 x 轴上找到任意点 A，并测量横坐标，计算 $2x^2$ 的值作为纵坐标，绘制点 Q。

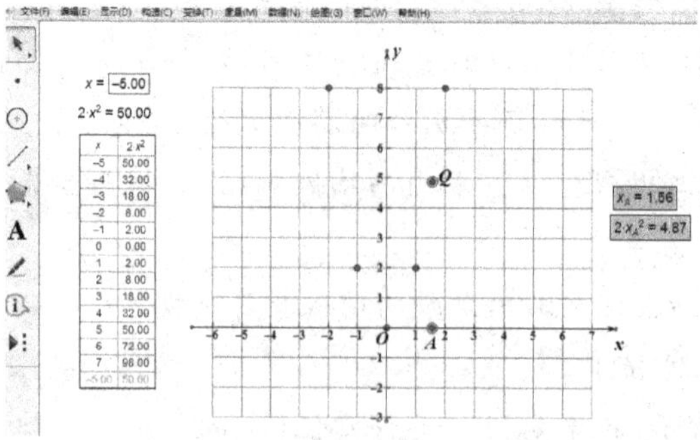

图 10

【设计意图】 该操作的主要目的是观察二次函数图像的平移过程，即从 $y=ax^2(a\neq0)$ 的图像通过怎样的平移能够得到 $y=ax^2+k(a\neq0)$，$y=a(x+h)^2(a\neq0)$，$y=a(x+h)^2+k(a\neq0)$ 的图像，使接下来归纳图像的性质更简便。

2. 实验与思考

(1) 如图 11 所示，拖动点 A，画出 $y=ax^2(a\neq0)$ 的图像，并说说该图像具有哪些性质。

(2) 利用几何画板设计的程序画出 $y=ax^2+k(a\neq0)$，$y=a(x+h)^2(a\neq0)$，$y=a(x+h)^2+k(a\neq0)$ 的图像。

(3) 如图 12 所示，当二次项系数 a 相等时，能由 $y=ax^2(a\neq0)$ 的图像平移得到其他几个函数的图像吗？请操作几何画板予以验证。

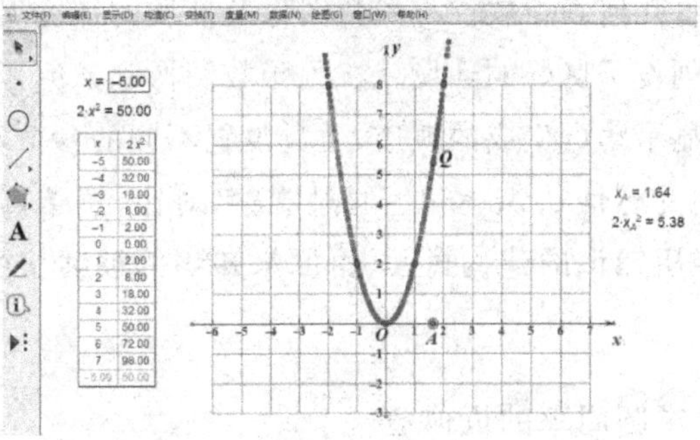

图 11

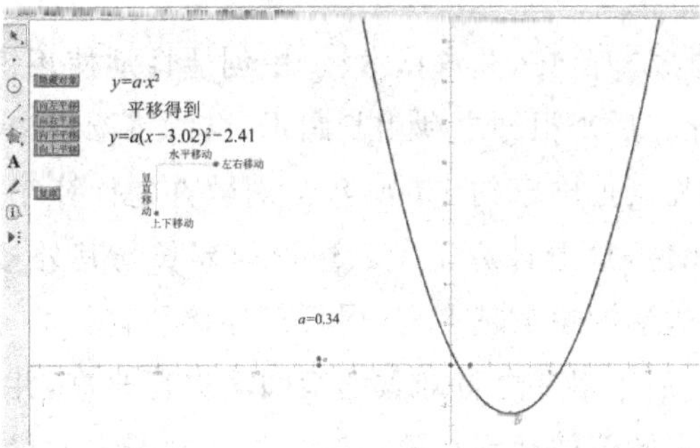

图 12

【设计意图】 该实验过程主要是让学生操作几何画板画图，在画图的过程中观察图像之间的关系，归纳、总结每一种类型的二次函数图像及其性质，体现出现代信息技术与数学教学的融合。

4. 数学实验创新设计的评价与思考

反比例函数的图像与性质、二次函数的图像与性质在整个初中数学知识体系中有着比较重要的地位。对于如何画函数的图像并研究其性质，传统的教学通常是让学生按照列表、描点、连线的方式动手画图，但是这种方式需要耗费大量的课堂时间，使得课堂容量减小，针对性训练变少，不利于学生数学能力的提高，更不利于数学核心素养的提升。现代信息技术集科学性、严谨性、实操性等优点于一身，将现代信息技术与数学知识有效融合，使数学探究更便捷、更直观、更科学、更合理，使学习重点更加突出，破解学习难点更加容易。学生操作软件探究数学知识，减少耗时，增大课堂容量。特别是通过信息技术软件探究图像的平移过程，与传统的画图方式相比，更加凸显了信息技术的优势。这样的学习方式有助于提高学生的学习兴趣。

本实验案例将几何画板软件与函数图像及性质的探究融合在一起，给学生探索数学知识创设了良好的环境。在画函数图像和探究函数性质时，几何画板能够清楚地显示动点生成的轨迹，通过设置不同的参数动态改变函数图像，给学生最直观的感性认识。学生通过观察、对比、总结，归纳出函数的图像与性质，亲身经历知识的建构过程，由原来知识的被动接受者变成知识的主动探究者。

3.1.3 用割圆术求圆周率的近似值

1. 数学实验内容分析

我国古代数学家刘徽在《九章算术注》中创造性地使用割圆术，使圆周率的计算走向精确化。后来祖冲之利用割圆术，继续将圆周率计算到小数点后七位，在世界上领先其他国家约 1 000 年。刘徽首先计算正六边形的周长与其外接圆直径的比值，接着计算正十二边形的周长与其外接圆直径之比，如此继续下去，正多边形的边数越多，其周长与外接圆直径的比值越精确，即圆周率的值越精确。后来祖冲之将刘徽的割圆术进行改进，并在刘徽的基础上继续计算，将圆周率的值精确到小数点后七位。割圆术的价值不仅在于论证了圆面积的计算公式，求出圆周率的近似值，更重要的是其中包含丰富的数学思想，如化圆为方的转化思想、化归思想、逼近思想、极限思想，这些数学思想对后世的数学研究意义非凡。本数学实验创新案例中，教师带领学生使用几何画板设计割圆术，探究圆周率的近似值。学生在数学实验中积累数学活动经验，提升数学核心素养，形成数学学习能力和数学研究方法。

2. 数学实验目的与实验准备

【实验目的】

（1）通过几何画板软件设计割圆术程序，并探究圆周率的近似值。

（2）学生在数学实验活动中积累活动经验，提升数学核心素养，形成数学学习能力和探究问题的方法。

【实验准备】 安装了几何画板软件的计算机。

3. 数学实验专题教学课例

数学实验教学案例

割圆术求圆周率的近似值

一、创设情境

（1）在我国数学发展史上，有一位十分了不起的数学家叫刘徽，大家知道他对数学的主要贡献是什么吗？

（2）你了解“割圆术”吗？请把你通过查阅资料获得的相关信息和大家一起分享。

【设计意图】 这个环节主要是让学生展示和交流。这些问题在课前就已经布置下去了，有的问题需要学生通过网络或者翻阅资料才能获得。问题主要涉及数学史和数学文化，这些内容可以提高学生的数学文化素养。

二、设计实验程序

1. 画正三、四、六边形

（1）我们已经学习了哪些正多边形？

（2）请将课前预习任务中要求画出的正三、四、六边形予以展示，如图1所示，说出作图依据是什么。如何验证你画的图是正确的呢？请说明理由。

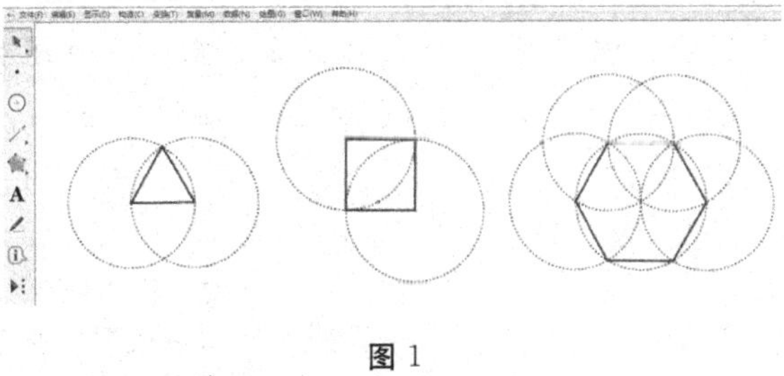

图1

2. 画正 n 边形

（1）以上所画的正三、四、六边形都是特殊的正多边形，你能够从特殊的几何关系构造出一般正多边形吗？比如正五边形。

(2) 如何一般化，画出任意正 n 边形呢？体验几何画板的“深度迭代”功能。

(3) 操作过程如下：

① 新建文件。如图 2 所示，画点 A，并把点 A 在水平方向移动 1 cm，得到点 A'。

② 画射线 AA'，在射线 AA' 上取一点 B。

③ 先后选中点 A，A'，B，选择“度量”→“比”命令，度量比值 $\frac{AB}{AA'}$。

④ 打开“数据”菜单的计算器，计算 $\text{trunc}\left(\frac{AB}{AA'}\right)+3$。它表示多边形边数，把它改为 n。

⑤ 再计算 $\frac{360^\circ}{n}$，双击，标记角 $\frac{360^\circ}{n}$。

⑥ 画两点 C，D。

⑦ 双击点 C，将 C 标记为旋转中心。将点 D 绕 C 旋转 $\frac{360^\circ}{n}$ 得到 D'。

⑧ 画线段 DD'。

⑨ 计算 $n-1$，如图 2 所示，用它来控制迭代次数。

⑩ 隐藏 $\frac{AB}{AA'}$ 与 $\frac{360^\circ}{n}$。

⑪ 先后选中点 D(原像)与 $n-1$，按住“Shift”键，选择“变换”→“深度迭代”命令，显示“迭代”对话框后，单击点 D'(初像)，再单击“迭代”按钮，得到图 3。

⑫ 隐藏 $n-1$，拖动点 B 可以改变多边形的边数。

说明：若计算机安装的几何画板的版本不同，这里的操作过程也会发生变化。利用几何画板的“深度迭代”功能作正多边形的方法还有多种，这里不一一介绍。

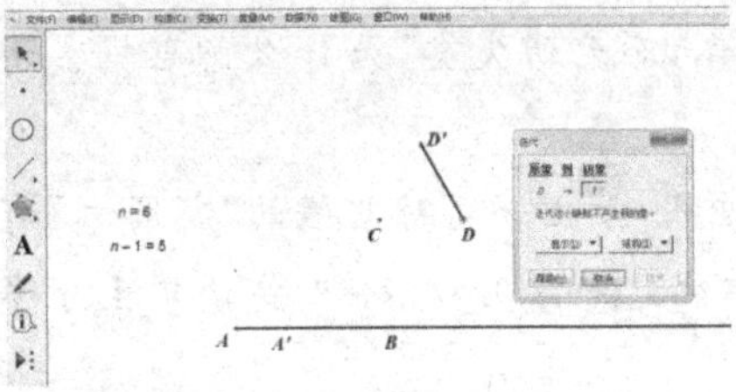

图 2

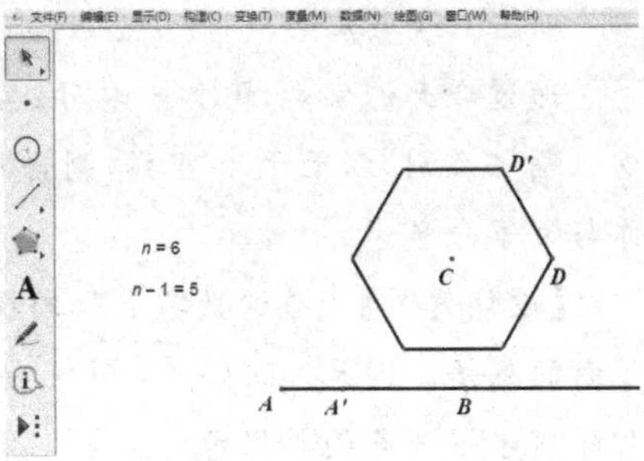

图 3

【设计意图】 本环节主要是带领学生操作几何画板，使用软件中的“深度迭代”功能画正多边形，让学生感受到几何画板软件的快捷、易操作等特点。本环节可为接下来学习割圆术做准备。

三、实验操作与探究

(1) 应用几何画板的“测量计算”功能探究“当 n 的值由小到大变化时，正多边形的周长与其外接圆直径的比值会有怎样的变化规律”，先独立操作，再小组研究，最后交流展示。

(2) 体验操作过程：

① 如图 4 所示，使用几何画板的“深度迭代”功能，将 n 的值改为 60。

② 测量此时正多边形的半径长度、边长和周长。

③ 如图 5 所示，用周长除以 2 倍的半径，计算结果。

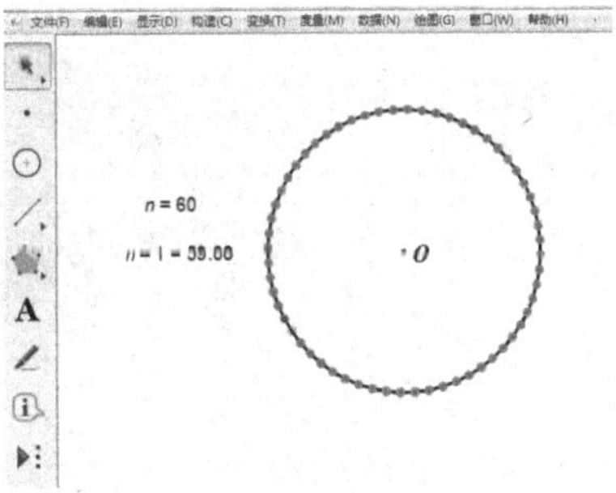

图 4

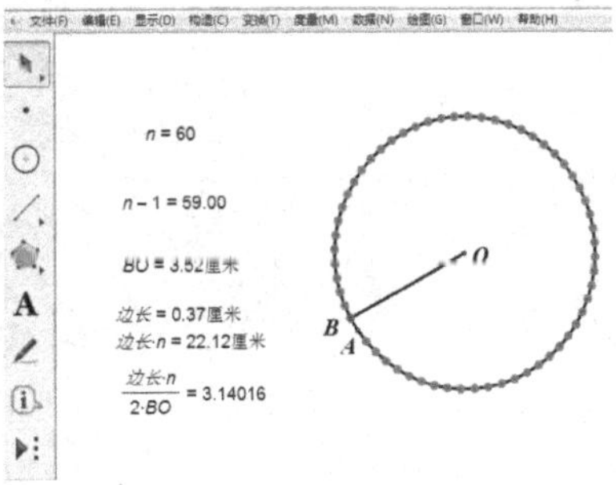

图 5

【设计意图】 本环节分成两步。第一步不断增大 n 的取值，这时的正多边形从直观上看越来越像圆了，案例中的 $n=60$，在实际操作中可以不断增大 n 的值，使正多边形趋向圆。第二步是通过测量数据，用正多边形的周长除以 $2OB$，即周长除以直径，可以看到比值与圆周率值的近似关系。

四、小结与归纳

通过今天的实验操作与学习，你能说说刘徽所说的“割之弥细，所失弥少。割之又割，以至于不可割，则与圆合体，而无所失矣”是什么意思吗？请你与大家分享。

【设计意图】 通过数学实验的操作过程，学生一定对刘徽的“割圆术”有了新的感悟。因此，在这个环节既要让学生总结学习收获，又要让学生分享对课前学习任务的再思考。

4. 数学实验创新设计的评价与思考

本数学实验案例应用几何画板工具从特殊到一般，探究圆周率的近似值。通过研究几何画板中的几何关系或等分圆心角画正多边形，掌握几何画板的画图原理。从有限到无限，在信息技术环境下体验用割圆术求圆周率 π 的近似值，理解正多边形与圆的关系，并感悟“化曲为直，无限逼近”的思想。

3.2 GGB类实验资源的开发与实践

3.2.1 验证勾股定理

1. 数学实验内容分析

勾股定理是初中几何最重要的定理之一，曾被开普勒誉为几何学的法宝。有人甚至说：一本教科书中有关勾股定理的内容直接反映了该教科书所在时代的数学课程理念。这足见勾股定理在几何学中的重要地位。

勾股定理是怎样证明的呢？比较著名的证明方法共12种，其中，为大家所熟知的是欧几里得证法和毕达哥拉斯证法。图1采用的是“等面积”方法，该方法诞生于公元前3世纪。图2是毕达哥拉斯证法，从大正方形中去掉四个直角三角形余 c^2，去掉两个矩形余 a^2+b^2，进而得到 $a^2+b^2=c^2$。该方法诞生于公元前6世纪。在中国古代，最早流传的是“勾三股四弦五”，后来的赵爽弦图给出具体的构图和证明。图3是将四个同样的直角三角形和一个正方形，按照两种不同方式拼在一起，从而得到 a^2+b^2 和 c^2 之间的等量关系。其他证明方法可查阅相关资料，这里不再赘述。

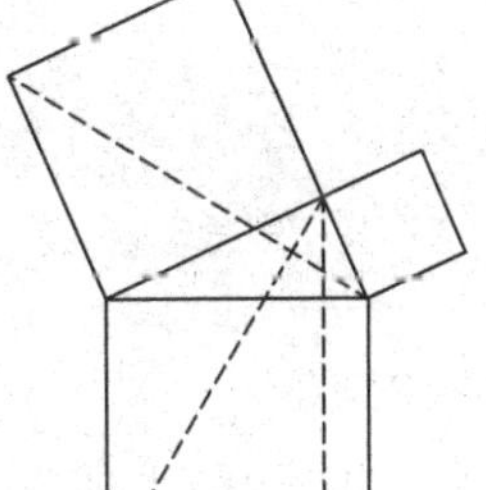

图1

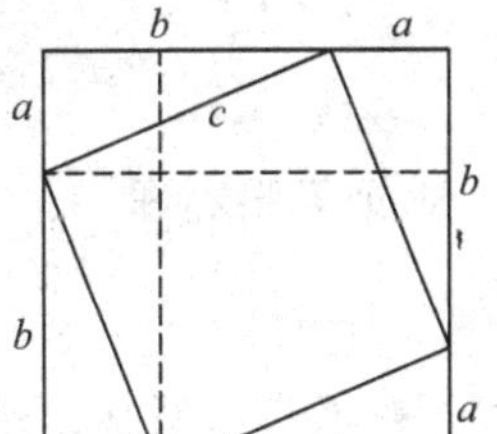

图2

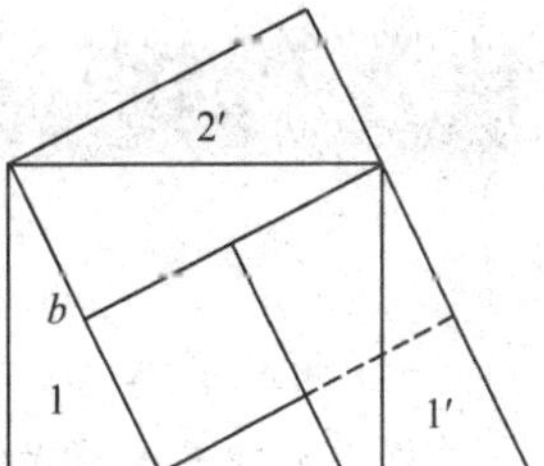

图3

以上阐述的这些证明方法，都是严格意义上的演绎推理。随着信息技术的不断发展，在常态化课堂环境下验证勾股定理的正确性需要借助实验工具。图4是物化的勾股定理验证工具。该实验工具简单、易操作，学生观察起来很直观，也比较好理解，但它的缺点是存在一定误差。哪怕是工具存在细微的误差，也不能作为数学知识成立的依据，所以我们就需要借助现代信息技术软件进行模拟实验。本案例就是在 GeoGebra(以下简称 GGB)环境下验证勾股定理。GGB 软件经过严格计算,验证的结论颇具代表性、典型性、正确性。

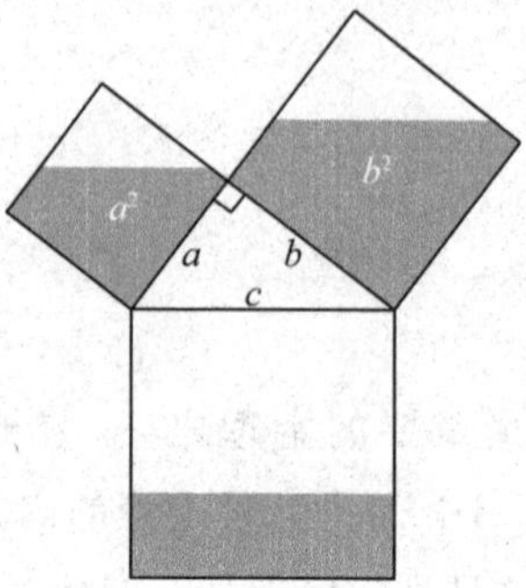

图 4

2. 数学实验目的与实验准备

【实验目的】

(1) 通过 GGB 软件探究直角三角形三边之间的关系;

(2) 通过 GGB 软件分割、平移图形,动态、直观地验证勾股定理;

(3) 借助 GGB 软件,从图形的等积变换的角度验证勾股定理。

【实验准备】 每个小组准备一台安装了 GGB 软件的计算机,画图工具。

3. 勾股定理验证过程的 GGB 设计与应用

数学实验教学案例

验证勾股定理

一、情境引入

勾股定理是数学发展史上一颗璀璨的明珠。只要提及勾股定理,大家肯定会想到"勾三股四弦五""赵爽弦图"等,这些都是古代数学家对勾股定理的证明,是他们的钻研精神让勾股定理成为永恒的经典。大家知道吗?截至目前,关于勾股定理的证明方法大约有 300 种,其中经典证法有几十种,这些都是数学家对勾股定理的演绎推理与证明,是从数学逻辑的角度对勾股定理的正确性予以验证的。我们能不能借助现代信息技术,运用 GGB 软件从几何直观的角度来验证勾股定理呢?今天老师将带领大家一起设计验证程序,通过操作 GGB 软件,在观察中证实、理解勾股定理。

二、发现勾股定理

大家在各自的计算机上打开GGB软件，跟着老师一起探究、发现任意直角三角形三边之间的关系。

1. 画三角形

(1) 如图5所示，打开绘图区样式栏，显示坐标网格，将吸附模式设定为“固定到网格”。

图5

(2) 选择多边形工具，在绘图区画出如图6所示的格点三角形。

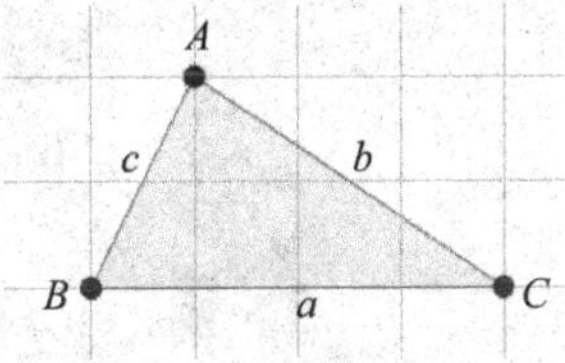

图6

2. 画正方形

(1) 选择正多边形工具

，依次单击点B、点A，在图7所示的对话框中输入“4”，并按“确定”按钮，画出正方形$BADE$。如图8所示，在正方形$BADE$的属性对话框中，将显示标签设定为“数值”(注：该数值为正方形$BADE$的面积)。

图7

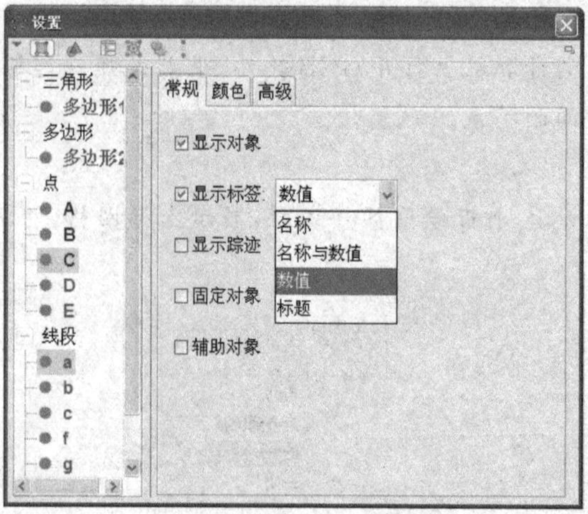

图 8

(2) 用同样的方法，画出正方形 $ACFG$、正方形 $BCIH$，并显示其数值，结果如图 9 所示。

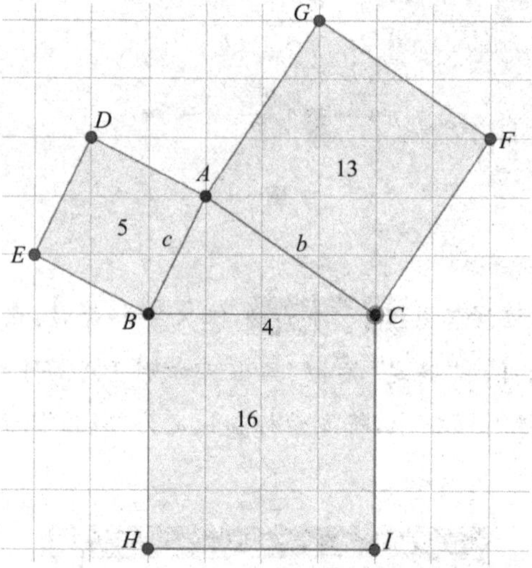

图 9

(3) 选择角度工具，依次单击点 B、点 A、点 C，量出 $\angle BAC$ 的度数，再用同样的方法量出 $\angle CBA$，$\angle ACB$ 的度数。

3. 探索发现

(1) 调整点 A 的位置，使得 $\angle ABC=90°$，将此时 $\triangle ABC$ 三边的平方，即三个正方形的面积的值填入表 1，记录 3 组不同的数据。

表 1

正方形 $BADE$ 的面积 c^2	正方形 $ACFG$ 的面积 b^2	正方形 $BCIH$ 的面积 a^2

观察表 1 中的数据，写出你的发现。

(2) 调整点 A 的位置，使得 $\angle ACB=90^\circ$，将此时 $\triangle ABC$ 三边的平方，即三个正方形的面积的值填入表 2，记录 3 组不同的数据。

表 2

正方形 $BADE$ 的面积 c^2	正方形 $ACFG$ 的面积 b^2	正方形 $BCIH$ 的面积 a^2

观察表 2 中的数据，写出你的发现。

(3) 调整点 A、点 B 的位置，使得 $\angle BAC=90^\circ$，将此时 $\triangle ABC$ 三边的平方，即三个正方形的面积的值填入表 3，记录 3 组不同的数据。

表 3

正方形 $BADE$ 的面积 c^2	正方形 $ACFG$ 的面积 b^2	正方形 $BCIH$ 的面积 a^2

观察表 3 中的数据，写出你的发现。

(4) 由上面的探索可得勾股定理：直角三角形的两条直角边的平方和等于斜边的平方。

4. 问题探究

(1) 若 $\triangle ABC$ 中，$\angle C<90^\circ$，则 a^2+b^2 与 c^2 的大小关系如何？

(2) 若 $\triangle ABC$ 中，$\angle C>90^\circ$，则 a^2+b^2 与 c^2 的大小关系如何？

三、利用“分割法”验证勾股定理

1. 画图

(1) 选择滑动条工具

，新建滑动条 a，区间设为“3 到 5”。

(2) 选择定长线段工具

，画长度为 a 的线段 AB。选择半圆工具

，以 AB 为直径画 $\overset{\frown}{AB}$。选择描点工具

，在 $\overset{\frown}{AB}$ 上取一点 C。选择正多边形工具

，分别以 AC，CB，BA 为一边作正方形，结果如图 10 所示。

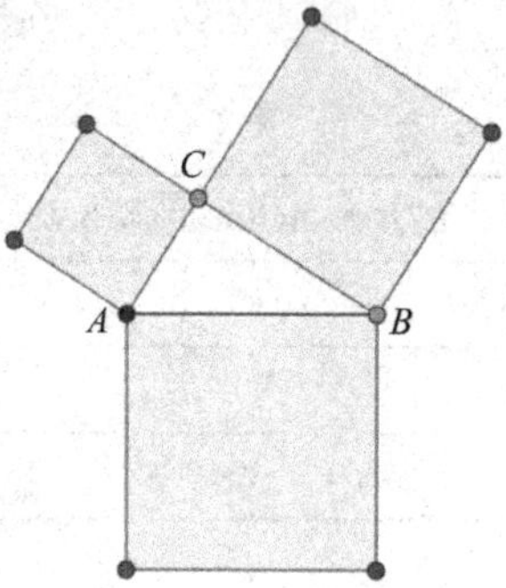

图 10

2. 分割

(1) 选择中点/中心工具

，画出以 BC 为一边的正方形的中心 J。选择垂线工具，过点 J 作 AB 的垂线 t，过点 J 作直线 t 的垂线 b。选择交点工具

，画出直线 t，b 与正方形 $BCGF$ 四边的交点 K，L，M，N。选择多边形工具，画出四边形 $BLJK$，$FMJL$，$GNJM$，$CKJN$。

(2) 隐藏直线 t，b，结果如图 11 所示。

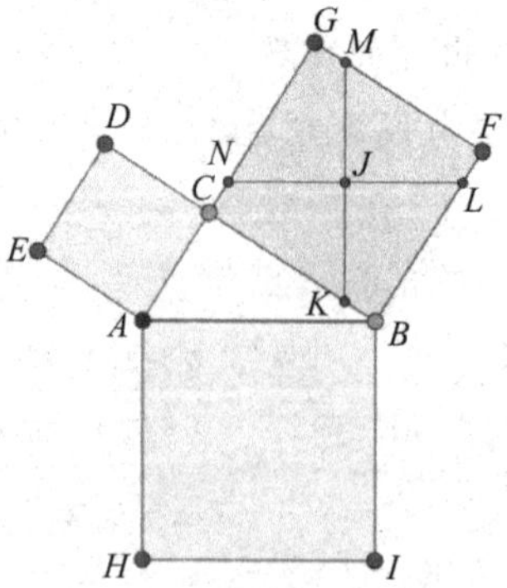

图 11

3. 平移

(1) 选择中点/中心工具，分别画出正方形 $ABIH$，$ACDE$ 的中心点 P、点 O，以及线段 BJ，FJ，GJ，CJ 的中点（点 Q、点 R、点 S、点 T）。

(2) 选择线段工具，连接 OP。选择描点工具，在线段 OP 上取一点 U。选择平移工具，将正方形 $ACDE$ 按从点 O 到点 U 的方向和距离平移。

(3) 选择平移工具，将点 T 按从点 J 到点 B 的方向和距离平移，得到点 T'。选择线段工具。连接 TT'，选择描点工具，在线段 TT' 上取一点 V。选择平移工具，将四边形 $CKJN$ 按从点 T 到点 V 的方向和距离平移。

(4) 选择平移工具，将点 S 按从点 J 到点 I 的方向和距离平移，得到点 S'。选择线段工具，连接 SS'。选择描点工具，在线段 SS' 上取一点 W。选择平移工具，将四边形 $GNJM$ 按从点 S 到点 W 的方向和距离平移。

(5) 选择平移工具，将点 R 按从点 J 到点 H 的方向和距离平移，得到点 R'。选择线段工具。连接 RR'，选择描点工具，在线段 RR' 上取一点 Z。选择平移工具，将四边形 $FMJL$ 按从点 R 到点 Z 的方向和距离平移。

(6) 选择平移工具，将点 Q 按从点 J 到点 A 的方向和距离平移，得到点 Q'。选择线段工具，连接 QQ'。选择描点工具，在线段 QQ' 上取一点 A_1。选择平移工具，将四边形 $BLJK$ 按从点 Q 到点 A_1 的方向和距离平移，结果如图 12 所示。

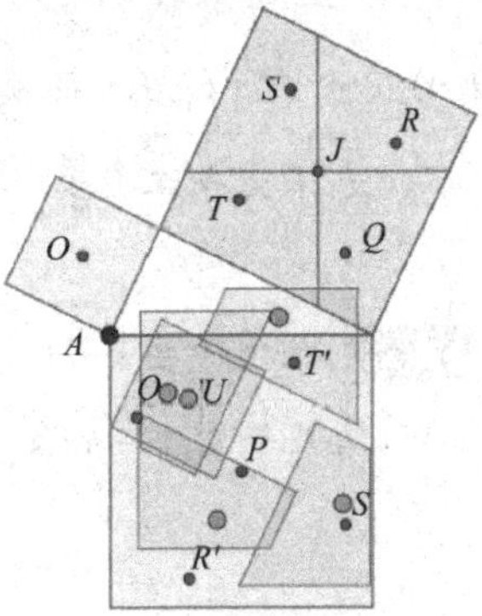

图 12

(7) 隐藏不必要的对象，将相关对象设成不同的颜色，结果如图 13 所示。

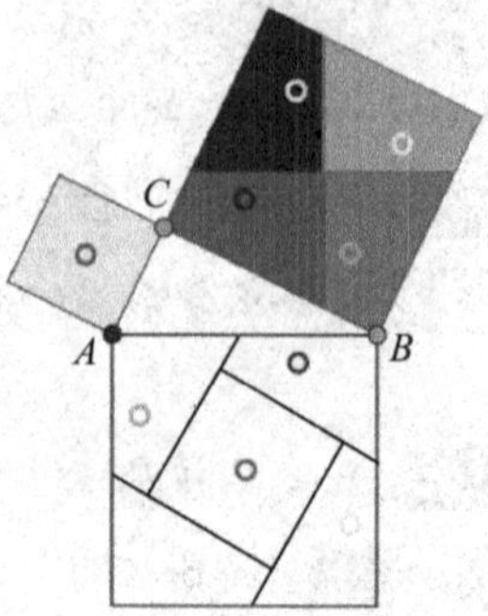

图 13

4. 验证

将涂有颜色的 5 个多边形拖到图 13 的大正方形中，写出你的发现。请你用说理的方式说明其中的道理。

5. 进一步探究

问题：在图 11 所示的$\triangle ABC$中，若$\angle ACB=90^\circ$，$AC=6$，$BC=8$，求线段BK的长。

四、利用“等积法”验证勾股定理

1. 画图

(1) 选择滑动条工具，新建滑动条a，区间设为“3 到 5”。

(2) 选择定长线段工具，画长度为a的线段AB。选择半圆工具，以AB为直径画$\overset{\frown}{AB}$。选择描点工具，在$\overset{\frown}{AB}$上取一点C。选择正多边形工具，分别以AC，CB，BA为一边作正方形。

(3) 选择直线工具，作直线AH，BI，DE，FG。选择交点工具，画出直线DE，AH的交点J，FG，BI的交点K，DE，FG的交点L。选择直线工具，作直线LC。选择交点工具，画出直线LC与线段AB的交点M。

(4) 选择折线工具，依次单击点D，L，M，D，作出折线D-L-M，用同样的方法作出折线G-L-M，结果如图 14 所示。

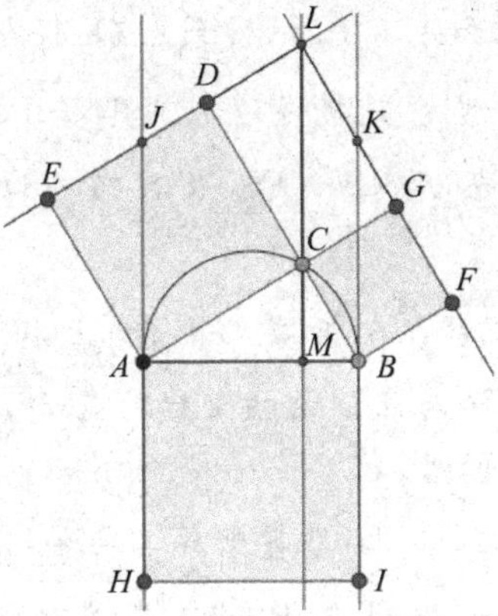

图 14

2. 等积变换

(1) 隐藏所有直线和半圆，选择描点工具，在折线 D-L-M 上取一点 N，在指令栏输入"$x(N)-x(L)$"，求出点 N 与点 L 的横坐标的差 o，输入"$y(N)\quad y(J)$"，求出点 N 与点 J 的纵坐标的差 u。

(2) 将点 N 拖至线段 DL 上，选择平移工具 平移，将点 N 按从点 C 到点 A 的方向和距离平移，得到点 N'。选择多边形工具，画出四边形 $ACNN'$，隐藏点 N'。如图 15 所示，在"设置"对话框中将四边形 $ACNN'$ 及其四条边的显示条件均设为"$o<0$"。

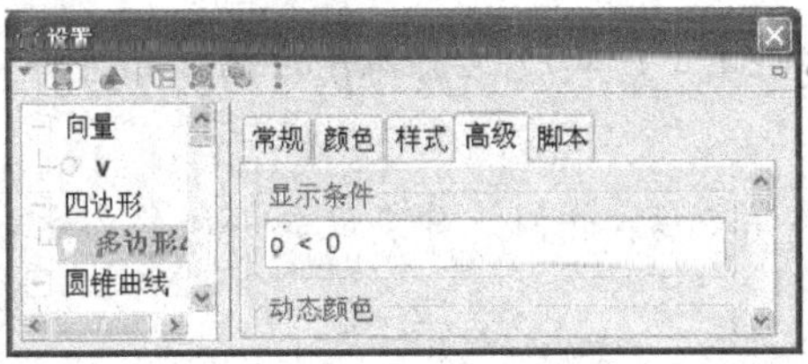

图 15

(3) 将点 N 拖至线段 LM 上，且点 N 在点 J 的上方，选择平移工具 平移，将点 N 按从点 A 到点 H 的方向和距离平移，得到点 N_1'。选择多边形工具，画出四边形 $AJNN_1'$，隐藏点 N_1'。将四边形 $AJNN_1'$ 及其四条边的显示条件均设为"如果$[u>0, o\stackrel{?}{=}0]$"。

(4) 将点 N 拖至线段 LM 上，且点 N 在点 J 的下方，选择平移工具 平移，将点 N 按从点 A 到点 H 的方向和距离平移，得到点 N_2'；将点 N_2'

按从点 M 到点 A 的方向和距离平移，得到点 O；将点 N 按从点 M 到点 A 的方向和距离平移，得到点 N'_3。选择多边形工具，画出四边形 $NN'_2ON'_3$，隐藏点 O,N'_2,N'_3。将四边形 $NN'_2ON'_3$ 及其四条边的显示条件均设为“如果[$u<0,o\overset{?}{=}0$]”。

(5) 选择描点工具，在折线 G-L-M 上取一点 P，在指令栏输入“$x(P)-x(L)$”，求出点 P 与点 L 的横坐标的差 d_1，输入“$y(P)-y(K)$”，求出点 P 与点 K 的纵坐标的差 e_1。

(6) 将点 P 拖至线段 GL 上，选择平移工具 平移，将点 P 按从点 C 到点 B 的方向和距离平移，得到点 P'。选择多边形工具，画出四边形 $BCPP'$，隐藏点 P'。在“设置”对话框中将四边形 $BCPP'$ 及其四条边的显示条件均设为“$d_1>0$”。

(7) 将点 P 拖至线段 LM 上，且点 P 在点 K 的上方，选择平移工具 平移，将点 P 按从点 A 到点 H 的方向和距离平移，得到点 P'_1。选择多边形工具，画出四边形 $BKPP'_1$，隐藏点 P'_1。将四边形 $BKPP'_1$ 及其四条边的显示条件均设为“如果[$e\_1>0,d\_1\overset{?}{=}0$]”。

(8) 将点 P 拖至线段 LM 上，且点 P 在点 K 的下方，选择平移工具 平移，将点 P 按从点 A 到点 H 的方向和距离平移，得到点 P'_2；将点 P'_2 按从点 M 到点 B 的方向和距离平移，得到点 Q；将点 P 按从点 M 到点 B 的方向和距离平移，得到点 P'_3。选择多边形工具，画出四边形 $PP'_2QP'_3$，隐藏点 Q,P'_2,P'_3。将四边形 $PP'_2QP'_3$ 及其四条边的显示条件均设为“如果[$e\_1<0,d\_1\overset{?}{=}0$]”。

(9) 隐藏不必要的对象，将相关对象设成不同的颜色，结果如图 16 所示。

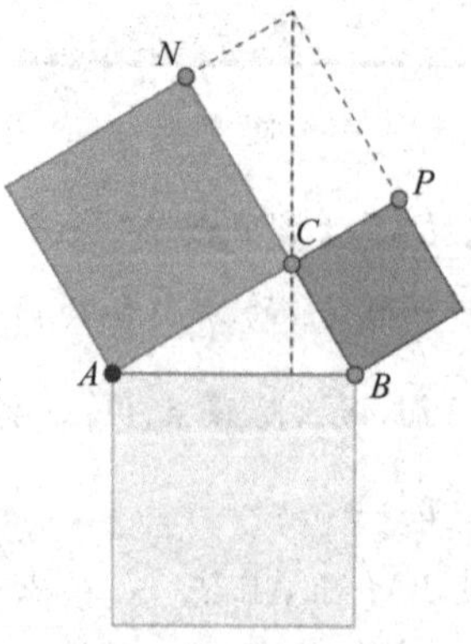

图 16

3. 验证与探究

沿图 16 中的虚线拖动点 N、点 P，写出你的发现。请你用说理的方式说明其中的道理。

4. 基于勾股定理验证实验的思考

勾股定理是初中数学“图形与几何”部分最重要的定理之一，也是初中数学课程的核心内容之一，更是很多课堂教学最受欢迎的课题之一。但在教学中，教师通常会直接告诉学生直角三角形的三边关系是符合勾股定理的，对于为什么符合以及如何验证则一笔带过，因为要节约时间做大量习题，以确保学生会做题、能得分。这样短效的教学操作往往使学生在课堂会做题，当面对课堂没有练习过的题型就做不对或者不会做。因此勾股定理的验证过程就显得尤为重要了。传统教学通常引导学生通过画图、割补、拼图等操作来验证，也有的教师将一些比较经典的证明方法搬进课堂，启发学生通过演绎证明的方式给予验证。本案例则将现代信息技术与勾股定理相融合，寓定理验证于程序设计和软件操作之中，让学生在动手、动脑、启思明理的数学实验中探究任意直角三角形三边之间的关系，即勾股定理，再用分割、平移和等积的方法对勾股定理进行验证。学生在“做”数学的过程中掌握勾股定理、应用勾股定理，充分感受勾股定理的数学价值。

3.2.2 用概率探究圆周率的近似值

1. 数学实验内容分析

英国人琼斯在 1706 年率先使用符号 π 来表示圆周率，但是求圆周率的值早在公元前 3 世纪就开始了。在计算圆周率近似值的过程中，英国人贤可斯花费了 20 年的时间利用梅钦公式把 π 的值从小数点后 500 位推进到小数点后 707 位。到 20 世纪 40 年代，英国数学家费格逊猜想：π 的数值中各数字出现的概率应该是相等的。可是当他对计算结果进行数字统计时，却发现统计结果与自己的猜想并不一致。于是他使用计算器计算，用了整整一年，最后发现贤可斯的值只有前 527 位是正确的。如果没有概率论的迅速发展，就无法发现 π 的数值在计算上的错误。

概率怎么会和圆周率有联系呢？这里先给大家讲一个数学实验与圆周率的故事。1777 年的一天，法国数学家布丰家中高朋满座，热闹非凡。客人们到齐后，70 岁高龄的布丰先生兴致勃勃地拿出一张白纸铺在桌子上，白纸上画满了一条条间隔相等的平行线。然后，他抓出一大把小针，每根小针的长度都是平行线间距离的一半。布丰说："请诸位把这些小针一根一根地往纸上随便扔吧，奇妙的事自然会出现。"客人们好奇地把小针一根根地往纸上乱扔，布丰在旁边不停地记数，小针扔完了，把它收起来再扔。最后，布丰宣布结果：大家共投针 2 212 次，其中与直线相交的有 704 次。用 704 除 2 212，得数为 3.142。他笑了笑说："这就是圆周率 π 的近似值。"众宾客哗然："这哪里和圆沾得上一点边呀？"布丰先生肯定地说："诸位不用怀疑，你们看，连圆规也不要，就可以求出 π 的值来，只要你有耐心，投掷的次数越多，求出的圆周率就越精确。"布丰接着说："道理并不神秘，依据就是概率的原理。"后来有不少人根据布丰先生的方法计算 π 的值，其中以 1901 年意大利人拉查里尼投针 3 408 次，求得了 π 的小数点后 7 位小数 3.141 592 9 为最佳，这就是数学史上有名的布丰投针试验。

上述实验其实就是几何概率实验，它与圆周率的关系大家已有初步认识。为了让学生能够充分认识到用几何概率可以验证圆周率，本案例使用 GGB 软件设计了两个探究圆周率近似值的数学实验。

2. 数学实验目的与实验准备

【实验目的】

(1) 通过设计并操作撒点实验验证圆周率，探究 π 的近似值。

(2) 通过设计并操作投针实验验证圆周率，探究 π 的近似值。

【实验准备】 每个小组准备一台安装了 GGB 软件的计算机，记录本。

3. 圆周率近似值的 GGB 设计与应用

数学实验教学案例

用概率验证圆周率

一、带你了解圆周率

祖冲之是我国古代著名的数学家和天文学家。他在很多方面都取得了较大成就，最突出的贡献是在数学领域求得比较精确的圆周率。祖冲之利用并发展前人创造的"割圆术"，把圆周率的数值计算到小数点后第 7 位数字，也就是 3.141 592 6 和 3.141 592 7 之间。这项数学成果领先世界其他国家约 1 000 年。圆周率的发展史就是一部数学探究史，从 2 000 多年前《周髀算经》的"周三径一"，到阿基米德从内接和外切两个方向逼近圆，再到刘徽的"割圆术"，最后到祖冲之的计算结果，就是圆周率的发展简史。今天我们通过概率来探究圆周率的近似值。

二、用撒点实验探究圆周率的近似值

1. 划定实验区域

(1) 在指令栏输入“$O=(0,0)$”，画出原点 $O(0,0)$，输入“$A=(1,0)$”，画出点 $A(1,0)$，输入“$B=(1,1)$”，画出点 $B(1,1)$，输入“$C=(0,1)$”，画出点 $C(0,1)$。

(2) 选择线段工具 线段，画出线段 OA，AB，BC，OC，在指令栏输入“(x−0.5)^2+(y−0.5)^2<=0.25”，画出正方形 $ABCO$ 的内切圆及其内部。适当放大坐标系，结果如图 1 所示。

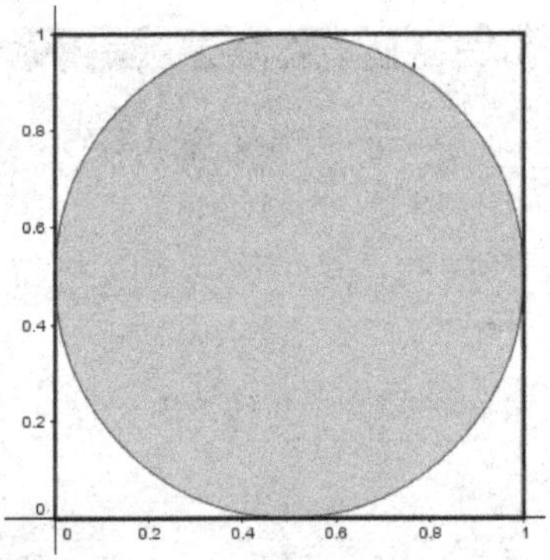

图 1

2. 建立实验对象

(1) 选择滑动条工具，新建滑动条 n（表示实验总次数），类型为整数，区间为 0 到 1 000。新建滑动条 k（表示当前次数），类型为整数，区间为 0 到 n。

(2) 在指令栏输入“序列[(random(), random()), i, 1, n]”，生成由正方形 $ABCO$ 内部的 n 个随机点组成的列表 1，将列表 1 设为隐藏，输入“提取[列表 1, 1, k]”，生成由列表 1 的前 k 个点组成的列表 2。

(3) 在指令栏输入“序列[如果[(x(元素[列表 2, i])−0.5)^2+(y(元素[列表 2, i])−0.5)^2<=0.25, 1, 0], i, 1, k]”，生成列表 3。将落在圆的边界及内部的点用“1”表示，圆之外的点用“0”表示，输入“总和[列表 3]”统计出落在圆的边界及内部的点的个数 f。输入“$4f/k$”，生成圆周率的近似值 g。

(4) 选择文本工具，在图 2 所示的对话框中输入“圆周率≈g”（注：g

从对象的下拉列表中选取)，生成动态文本“文本 1”，在“文本 1”的“设置”对话框中，将文本颜色设为“蓝色”，字号设为“特大”，如图 3 所示。

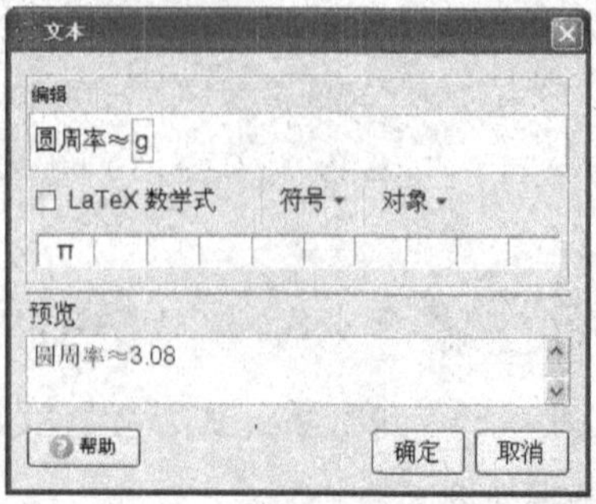

图 2

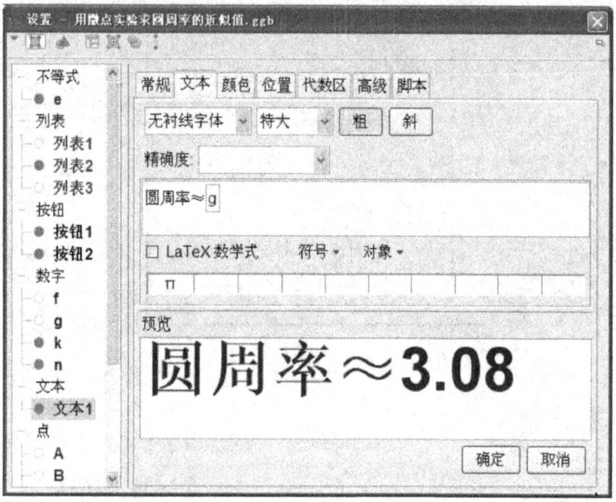

图 3

(5) 如图 4 所示，选择按钮工具  ，新建标题为“初始”的按钮，在脚本中第 1 行输入“$n=1*n$”，第 2 行输入“$k=0$”。再新建一个标题为“开始”的按钮，在脚本中输入“启动动画[k]”。

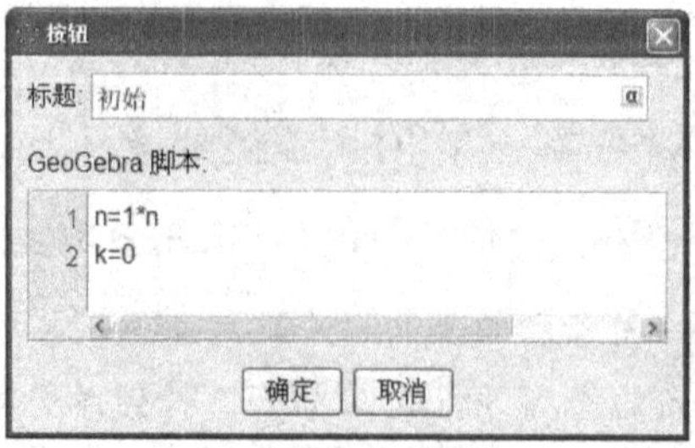

图 4

3. 模拟撒豆实验

(1) 隐藏坐标系，将 n 的值设为 200，先单击“初始”按钮，再单击“开始”按钮，观察随机点的生成和圆周率的动态近似值的变化情况，结果如图 5 所示。

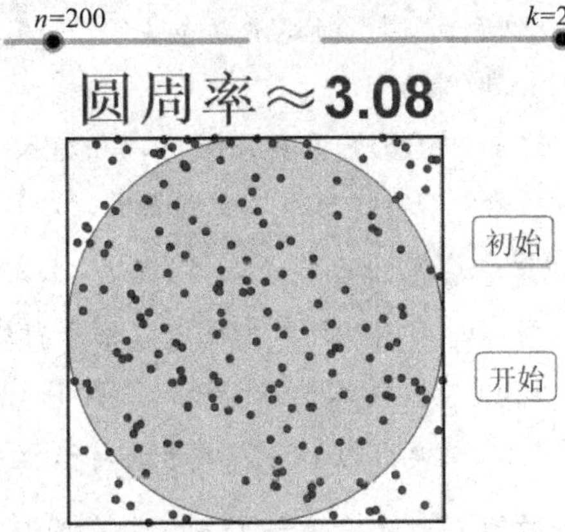

图 5

(2) 将 n 的值设为 500，先单击“初始”按钮，再单击“开始”按钮，观察随机点的生成和圆周率的动态近似值的变化情况。

(3) 当 $n=1\ 000$ 时，结果如图 6 所示。

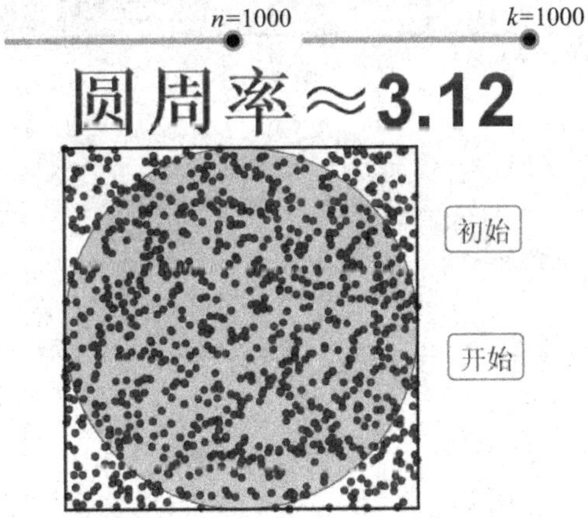

图 6

4. 结论与进一步探究

随着实验次数的增加，落在正方形内切圆的边界及其内部的点的频率逐步稳定。请你说明为什么可以用逐步稳定的 $4f/k$（f 为正方形内切圆的边界上及其内部的点的个数,k 为正方形内部的点的个数)的值表示圆周率。

三、用布丰投针实验探究圆周率的近似值

1. 设置实验范围

(1) 选择滑动条工具,新建滑动条 n(表示投针的总次数),类型为整数,区间设为 0 到 500,增量为“1”。新建滑动条 k(表示当前投针的次数),类型为整数,区间为 0 到 n,增量为“1”。

(2) 在指令栏输入“$A=(0,0)$”,生成点 $A(0,0)$;输入“线段[A,$A+(10,0)$]”,生成线段 $AB(a)$;输入“$B=(0,2)$”,生成点 $B(0,2)$。

(3) 选择向量工具,依次单击点 A、点 B,生成向量 u。在指令栏输入“序列[平移[a,向量[iu]],i,0,5]”,生成由 6 条平行线段组成的列表 1。在指令栏输入“$C=(5,5)$”,生成点 $C(5,5)$。选择圆(圆心与半径)工具,单击点 C,在弹出的如图 7 所示的对话框中输入“1”,画出以点 C 为圆心、1 为半径的圆 C。选择描点工具,在圆 C 上取一点 D,选择线段工具,画出线段 CD,结果如图 8 所示。

图 7

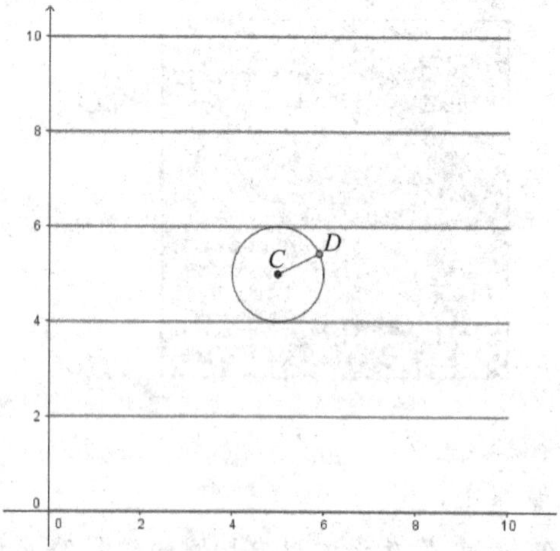

图 8

2. 随机投针

(1) 在指令栏输入“序列[平移[线段[C,旋转[D,(random() * 360)°,C]],向量[C,旋转[D,(random() * 360)°,C]] * 4random()],i,1,n]”,随机生成 n 根长度为 1 的针(线段)组成的列表 2,设定为隐藏;输入“提取[列表 2,1,k]”,取出前 k 根针组成的列表 3。

(2) 在指令栏输入“序列[交点[元素[列表 3,i],元素[列表 1,1]],i,1,k]”,求出前 k 根针与第 1 条水平线的交点组成的列表 4,同理求出前 k 根针与其余 5 条水平线的交点组成的列表 5、列表 6、列表 7、列表 8、列表 9。输入“合并[{列表 4,列表 5,列表 6,列表 7,列表 8,列表 9}]”,将所有交点合并成列表 10。输入“序列[如果[x(元素[列表 10,i])>0,1,0],i,1,6k]”生成新的列表 11,将存在交点用“1”表示,不存在交点用“0”表示。输入“总和[列表 11]”,得出所有交点个数 d。

(3) 在指令栏输入“k/d”,得到数 e(圆周率的近似值)。如图 9 所示,选择文本工具 ABC ,在编辑栏输入“圆周率≈e”(注:e 从对象的下拉列表中选取),按“确定”按钮,生成动态文本。

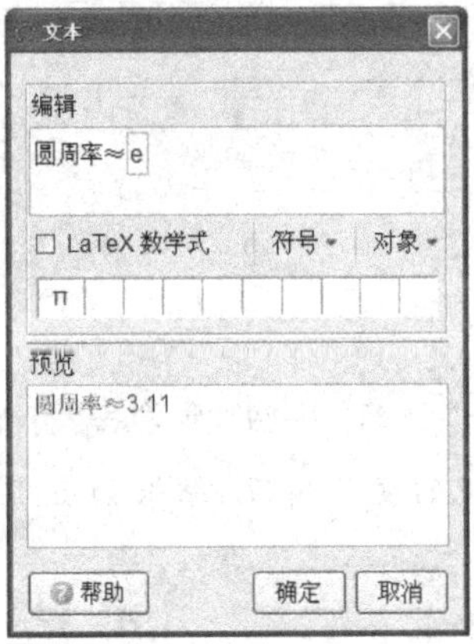

图 9

(4) 如图 10 所示,选择按钮工具 ,新建标题为“初始”的按钮,在脚本中第 1 行输入“启动动画[k,false]”,第 2 行输入“$k=0$”,第 3 行输入“$n=0$”。再新建一个标题为“开始”的按钮,在脚本中输入“启动动画[k,true]”。隐藏不必要的对象,单击“初始”按钮,结果如图 11 所示。

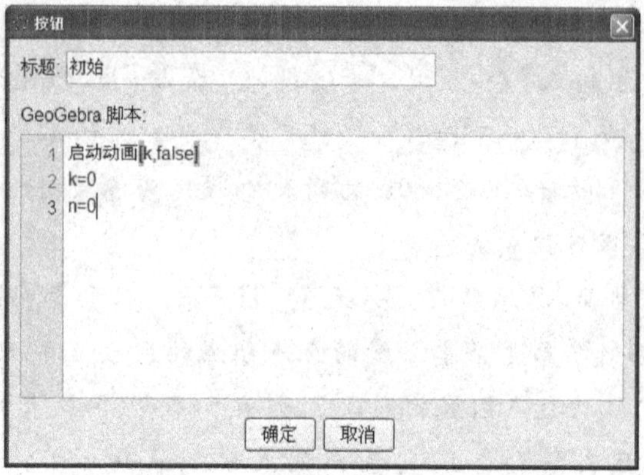

图 10

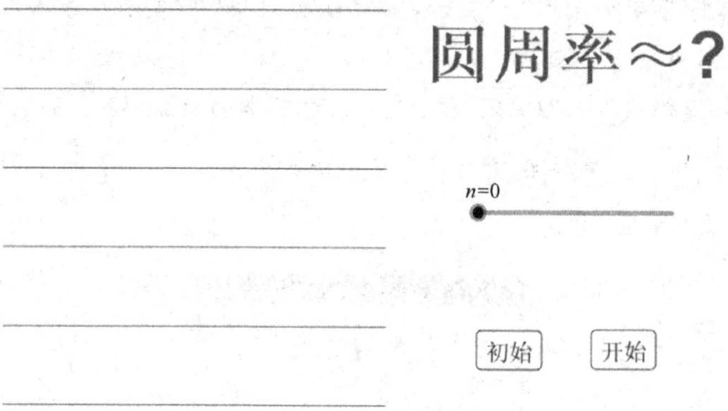

图 11

3. 操作实验

(1) 设定 $n=50$,单击“初始”按钮,再单击“开始”按钮,观察随机投针过程,同时观察圆周率近似值的变化情况,结果如图 12 所示。

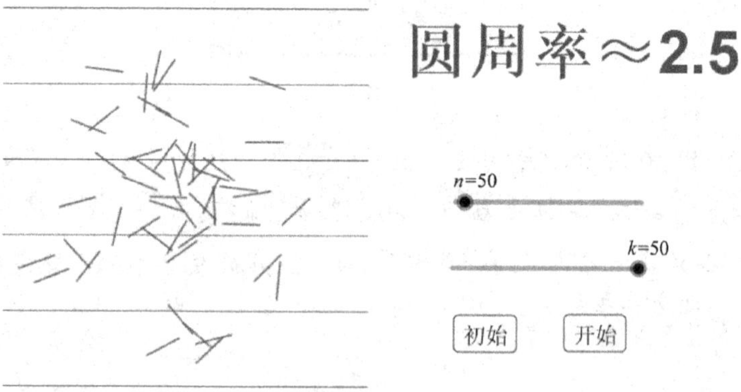

图 12

(2) 设定 $n=500$，单击"初始"按钮，再单击"开始"按钮，观察随机投针过程，同时观察圆周率近似值的变化情况，结果如图 13 所示。

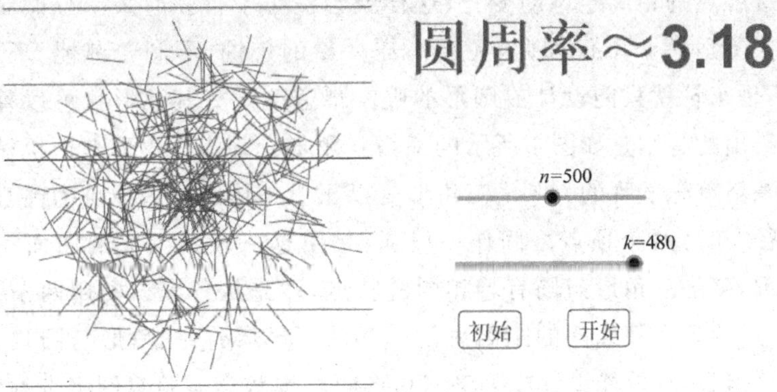

图 13

4. 设计说明

假设圆的直径为 2，平行线间的距离也为 2，无论怎样投掷圆，圆与平行线的交点个数总是 2。如果把该圆剪开拉直，成为长为 2π 的线段，在大量重复投掷的条件下，根据等可能性原理，该线段与平行线的交点的平均个数也应为 2。据此，若线段的长度为 1，则其与平行线的交点的平均个数应为 $\frac{1}{\pi}$，即 $\pi=\frac{n}{m}$，其中 n 表示投出的针的总根数，m 表示与平行线相交的针的根数。

4. 基于用概率探究圆周率近似值的思考

本数学实验案例的主要目的是让学生利用软件设计验证程序，并通过操作软件验证圆周率的近似值，将几何概率与圆周率的求值问题结合在一起，一方面能培养学生数据分析和数学建模等数学能力，另一方面能为学生后续探究其他数学知识提供技术参考。

3.2.3 滚动的三角形

1. 数学实验内容分析

车轮为什么是圆的？为什么不能设计成一般的三角形呢？能不能设计成一种特殊的三角形呢？假如可以，这个特殊的三角形会是怎样的形状呢？带着这些问题，我们开启对未知世界的探究之旅。

车轮之所以设计成圆形，是因为安装在圆心处的车轴距离地面接触点始终等于该圆的半径，所以总是相等的，因此圆形的车轮行驶起来就比较平稳。

为什么没有设计成一般的三角形呢？因为一般三角形的外心虽然到三角形三个顶点的距离相等，但是到三角形三边的距离并不相等，所以车子的车轴到地面接触点的距离会不断变化，这样就会使车子行驶起来十分颠簸，给驾乘者带来不适感。不仅如此，还会消耗大量的燃油，不利于节能、环保。那么，是不是车轮就只能设计成圆形的呢？难道就没有其他形状可以替代吗？许多人给出的答案是如图 1 所示的莱洛三角形。莱洛三角形是由机械学家、数学家莱洛首先发现的。莱洛三角形是以正三角形的三个顶点为圆心，以边长为半径，在另两个顶点之间作一段弧，是由这三段弧围成的曲面三角形。研究发现，莱洛三角形与圆有着相同的特点，就是从各个方向用两条平行线夹住它，这两条平行线间的距离总是一样的，所以莱洛三角形与圆具有相同的特性。但是，车轮能设计成莱洛三角形吗？本数学实验案例将带领学生利用 GGB 软件设计出莱洛三角形，并使它运动起来，探究车轮到底可不可以设计成莱洛三角形。

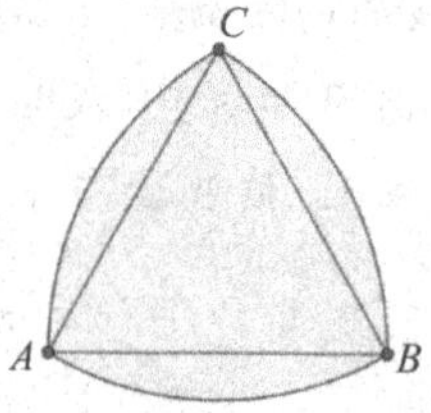

图 1

2. 数学实验目的与实验准备

【实验目的】

(1) 使用 GGB 软件设计运动的三角形，让学生直观感受车轮为什么不能设计成三角形。

(2) 用 GGB 软件设计莱洛三角形，观察运动的莱洛三角形，由莱洛三角形的中心运动轨迹判断车轮可不可以设计为莱洛三角形。

【实验准备】 全班分为 8～9 小组，每个小组有一台已经安装了 GGB 软件的计算机。

3. 用 GGB 软件设计实验与操作探究

数学实验教学案例

莱洛三角形车轮

一、创设问题情境

(1) 车轮为什么设计为圆形？能说说你的看法吗？

(2) 车轮能设计成一般三角形吗？如果不能，请说明理由。

(3) 有没有可能将车轮设计为一种特殊的三角形呢？如果有，请与大家一起分享。

二、构造三角形车轮

(1) 选择滑动条工具，新建滑动条 α（表示旋转的角度），类型为角度，区间为“0°到 90°”，增量为“1°”；新建滑动条 β（表示旋转的角度），类型为角度，区间为“0°到 150°”，增量为“1°”；新建滑动条 γ（表示旋转的角度），类型为角度，区间为“0°到 120°”，增量为“1°”。将它们的初值分别设为 $\alpha=90°$，$\beta=150°$，$\gamma=120°$。

(2) 选择直线工具，画一条水平的直线 $AB(f)$，隐藏点 A、点 B，固定直线 $AB(f)$。选择定长线段工具 定长线段，单击直线 AB，在如图 2 所示的对话框中输入“2”，在直线 f 上画出长度为 2 的线段 CD。选择正多边形工具 正多边形，依次单击点 C、点 D，在弹出的对话框中输入“3”，画出等边三角形 CDE。选择中点/中心工具 中点/中心，取出线段 CD 的中点 F，隐藏线段 CD。选择多边形工具，画出$\triangle CEF$，隐藏等边三角形 CDE。

图 2

(3) 选择旋转工具 旋转，依次单击$\triangle CEF$、点 F，在如图 3 所示的对话框中输入“α”，将$\triangle CEF$ 绕点 F 按顺时针方向旋转 $\alpha°$，得到$\triangle C'E'F$。再将$\triangle C'E'F$ 绕点 E' 按顺时针方向旋转 $\beta°$，得到$\triangle C''E'F''$。最后将$\triangle C''E'F''$绕点

C''按顺时针方向旋转$\gamma°$，得到$\triangle C''E'''F'''$，结果如图 4 所示。

图 3

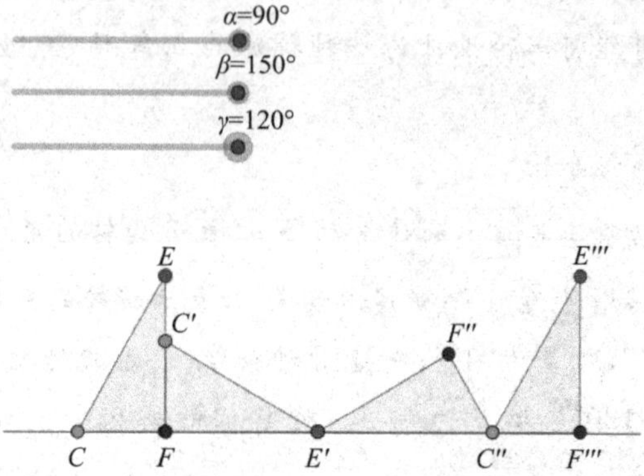

图 4

三、滚动三角形车轮

(1) 如图 5 所示，选择按钮工具 

，新建标题为“开始”的按钮，在脚本中第 1 行输入“启动动画[α]”，第 2 行输入“启动动画[$\beta,\alpha \stackrel{?}{=} 90°$]”，第 3 行输入“启动动画[$\gamma,\beta \stackrel{?}{=} 150°$]”。再新建一个标题为“初始”的按钮，在脚本中第 1 行输入“$\alpha=0°$”，第 2 行输入“$\beta=0°$”，第 3 行输入“$\gamma=0°$”。

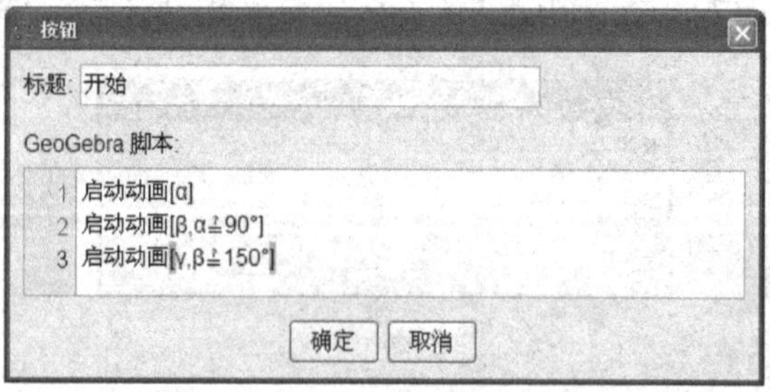

图 5

(2) 隐藏所有点，结果如图 6 所示。

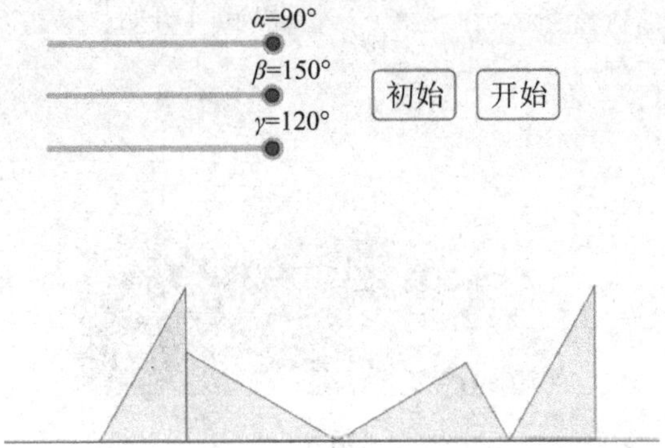

图 6

(3) 单击“初始”按钮，再单击“开始”按钮，观察三角形的滚动过程。

四、观察与归纳

(1) 单击“初始”按钮，显示点 C' 和 C''，将它们设为追踪点；单击“开始”按钮，点 C 在滚动过程中的路径如图 7 所示。在滚动过程中，点 C 运动的路径长度是多少？点 C 运动的路径与直线 AB 围成的封闭区域的面积是多少？

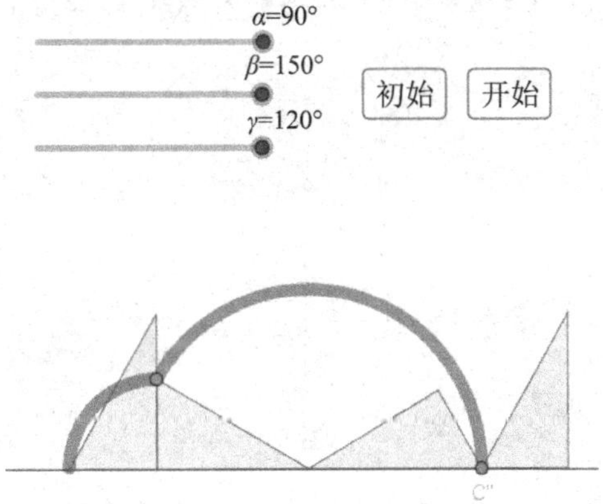

图 7

(2) 取消 C' 和 C'' 为追踪点，单击“初始”按钮，追踪 $\triangle CEF$，如图 8 所示，在整个滚动过程中，$\triangle CEF$ 扫过的面积是多少？

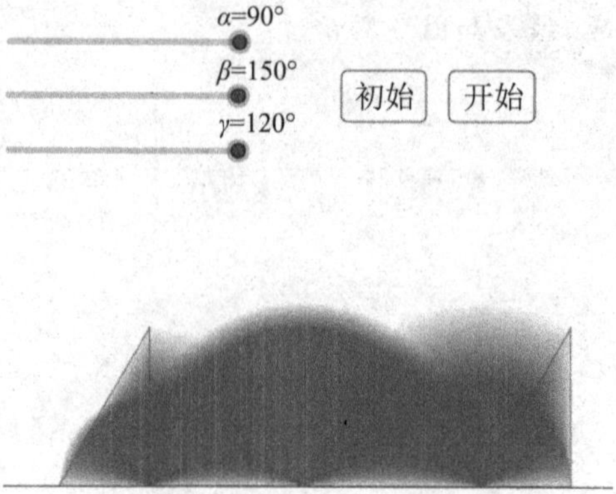

图 8

(3) 通过观察，你认为可以将车轮设计成三角形吗？

五、制作莱洛三角形车轮

(1) 选择描点工具，在绘图区描出点 A、点 B；选择旋转工具 [旋转]，将点 B 绕点 A 按逆时针方向旋转 60°，得到点 B'；选择圆弧工具 [圆弧]，画出弧 $\overset{\frown}{BB'}$(c)、弧 $\overset{\frown}{B'A}$(d)、弧 $\overset{\frown}{AB}$(e)；选择中垂线工具 [中垂线]，分别画出 $\overset{\frown}{AB}$，$\overset{\frown}{BB'}$ 的中垂线 f，g；选择交点工具 [交点]，画出 f，g 的交点 C，结果如图 9 所示。

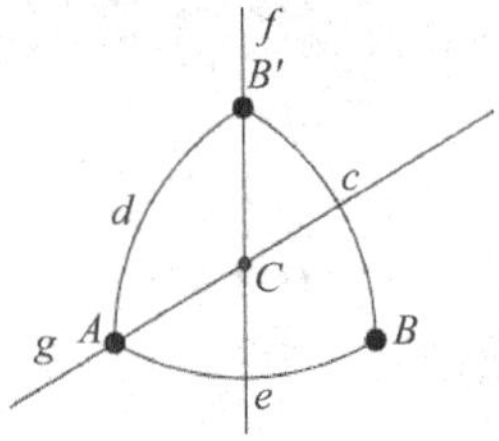

图 9

(2) 如图 10 所示，选择“工具”菜单，单击“新建工具…”命令，新建工具“莱洛三角形”，输出对象从下拉列表中选择“圆弧 c、圆弧 d、圆弧 e、点 B'”，输入对象选择默认的“点 A、点 B”，名称设为“莱洛三角形”。用同样的方法新建工具“莱洛三角形中心”，输出对象选择“点 C”，输入对象选择“点 A、点 B”。

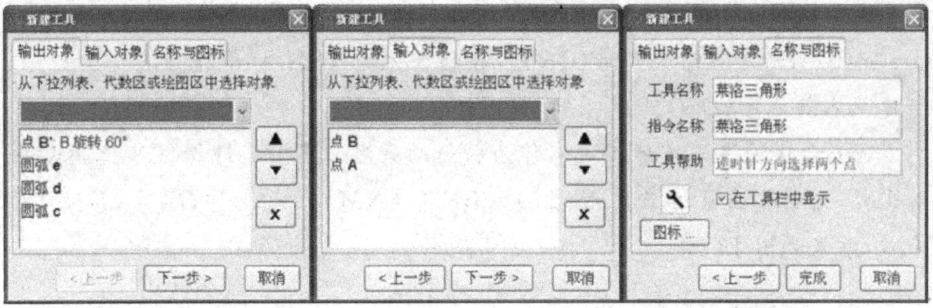

图 10

(3) 按"Ctrl＋A"键，选择所有对象，按"Del"键，删除所有对象。

六、让莱洛三角形车轮动起来

(1) 选择滑动条工具，新建滑动条 n(用来控制运动速度)，类型为整数，区间设为"1 到 10"，增量为"1"。如图 11 所示，再分别新建滑动条 α，β，γ，δ，ε，ζ(分别用来控制旋转的角度)，类型均为角度，区间为"0°到 60°"，增量为"1°"。在"动画"选项卡中将速度设为"n"，重复设为"⇒递增(一次)"。

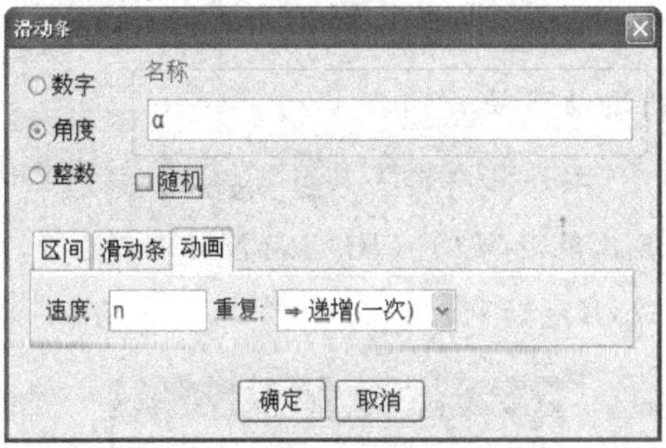

图 11

(2) 在指令栏分别输入"$A=(0,0)$""$B=(\pi/3,0)$""$C=(2\pi/3,0)$""$D=(\pi,0)$""$E=(0,1)$""$F=(\pi/3,1)$""$G=(2\pi/3,1)$""$H=(\pi,1)$"，新建 8 个关键点。

(3) 在指令栏输入"$I=$旋转$[A,-\alpha,E]+(\alpha,0)$"(先旋转再平移)，输入"$J=E+(\alpha,0)$"。以下选择自建的莱洛三角形工具，依次单击点 J、点 I，创建莱洛三角形(为叙述方便，以下简称为"莱洛三角形(JI)")。在指令栏输入"$F'=$旋转$[F,-\beta,B]$"，新建莱洛三角形(BF')。

(4) 在指令栏输入"$M=$旋转$[B,-\gamma,F]+(\gamma,0)$"，输入"$N=F+(\gamma,0)$"，新建莱洛三角形(NM)。在指令栏输入"$G'=$旋转$[G,-\delta,C]$"，新建莱

洛三角形(CG')。在指令栏输入"R=旋转[C,$-\varepsilon$,G]+(ε,0)",输入"$Q=G+(\varepsilon,0)$",新建莱洛三角形(QR)。在指令栏输入"H'=旋转[H,$-\zeta$,D]",新建莱洛三角形(DH')。

(5) 新建莱洛三角形(EA),作为初始的莱洛三角形。选择莱洛三角形中心工具,分别取出莱洛三角形(JI),(BF'),(NM),(CG'),(QR),(DH')的中心,结果如图 12 所示。

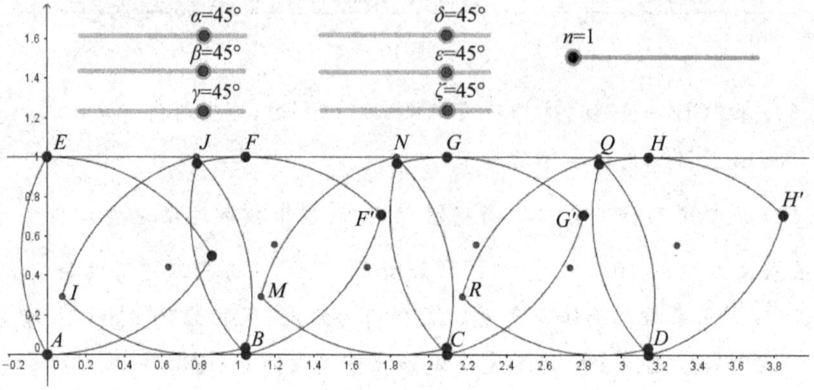

图 12

七、探究中心的运动路径

(1) 如图 13 所示,选择复选框工具 ,创建复选框"莱洛三角形中心",关联对象为莱洛三角形(JI),(BF'),(NM),(CG'),(QR),(DH')的中心(点 U,V,W,Z,A_1,B_1)。

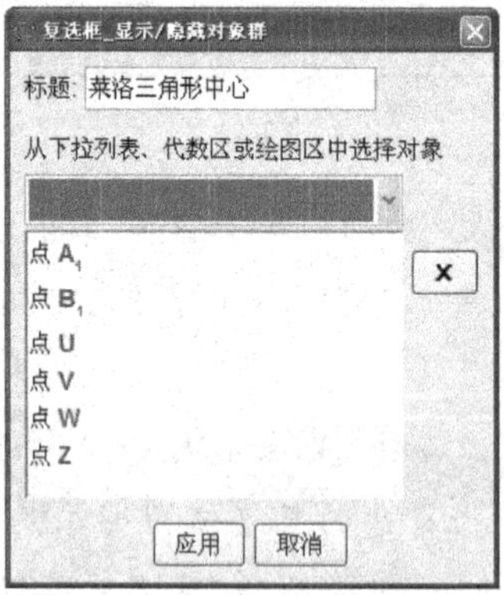

图 13

(2) 隐藏除莱洛三角形中心以外的所有点。如图 14 所示,在"设置"对话框中,选择"高级"选项卡,将莱洛三角形(JI),(BF'),(NM),(CG'),(QR),

(DH')的三段弧的显示条件分别设为“$\alpha \neq 60^\circ$”“$\gamma \stackrel{?}{=} 0 \wedge \alpha \stackrel{?}{=} 60^\circ$”“$\gamma \neq 60^\circ \wedge \beta \stackrel{?}{=} 60^\circ$”“$\varepsilon \stackrel{?}{=} 0 \wedge \gamma \stackrel{?}{=} 60^\circ$”“$\varepsilon \neq 60^\circ \wedge \delta \stackrel{?}{=} 60^\circ$”“$\varepsilon \stackrel{?}{=} 60^\circ$”。将莱洛三角形$(EA)$的三段弧的显示条件设为“$\alpha \neq 0^\circ$”,线型为虚线。

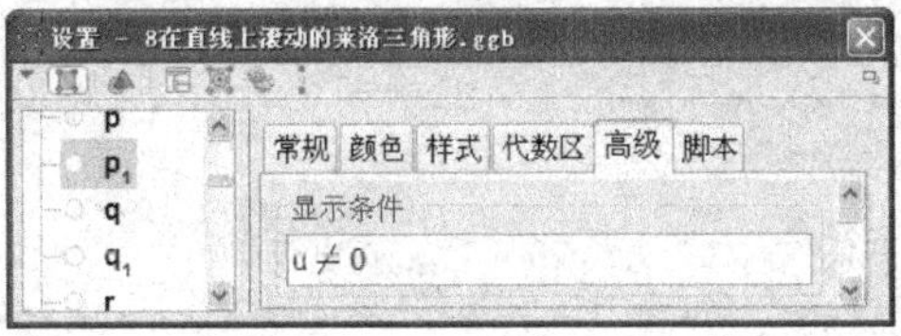

图 14

(3) 将莱洛三角形(JI),(BF'),(NM),(CG'),(QR),(DH')的中心设为追踪点,显示条件分别设为“$\alpha \neq 60^\circ \wedge a=1$”“$\gamma \stackrel{?}{=} 0 \wedge \alpha \stackrel{?}{=} 60^\circ \wedge a=1$”“$\gamma \neq 60^\circ \wedge \beta \stackrel{?}{=} 60^\circ \wedge a=1$”“$\varepsilon \stackrel{?}{=} 0 \wedge \gamma \stackrel{?}{=} 60^\circ \wedge a=1$”“$\varepsilon \neq 60^\circ \wedge \delta \stackrel{?}{=} 60^\circ \wedge a=1$”“$\varepsilon \stackrel{?}{=} 60^\circ \wedge a=1$”。

(4) 如图 15 所示,选择按钮工具 

,新建“初始”按钮,在脚本中第 1 行输入“$\alpha=0$”,第 2 行输入“$\beta=0$”,第 3 行输入“$\gamma=0$”,第 4 行输入“$\delta=0$”,第 5 行输入“$\varepsilon=0$”,第 6 行输入“$\zeta=0$”,第 7 行输入“放大[1]”。如图 16 所示,新建“开始”按钮,在脚本中第 1 行输入“启动动画[α]”,第 2 行输入“启动动画[$\beta, \alpha \stackrel{?}{=} 60^\circ$]”,第 3 行输入“启动动画[$\gamma, \beta \stackrel{?}{=} 60^\circ$]”,第 4 行输入“启动动画[$\delta, \gamma \stackrel{?}{=} 60^\circ$]”,第 5 行输入“启动动画[$\varepsilon, \delta \stackrel{?}{=} 60^\circ$]”,第 6 行输入“启动动画[$\zeta, \varepsilon \stackrel{?}{=} 60^\circ$]”。

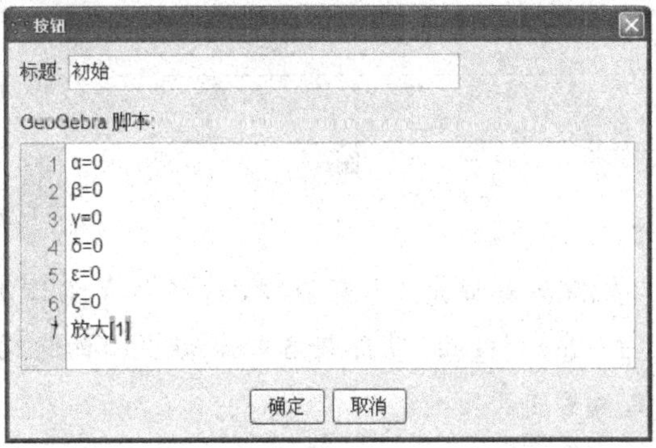

图 15

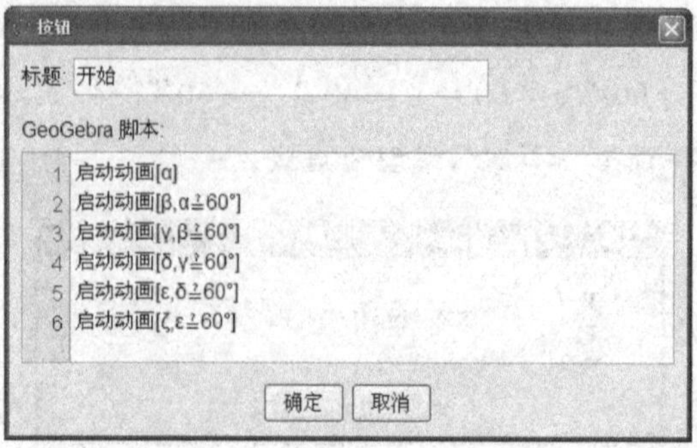

图 16

(5) 在指令栏输入"$y=1$",画出直线 $y=1$。单击复选框"莱洛三角形中心"前的方框,隐藏莱洛三角形中心。单击"初始"按钮,结果如图 17 所示。再单击"开始"按钮,莱洛三角形就会沿着 x 轴向右滚动。每单击一次"开始"按钮,莱洛三角形按顺时针方向滚动 60°。观察莱洛三角形的滚动过程,写出你的发现。

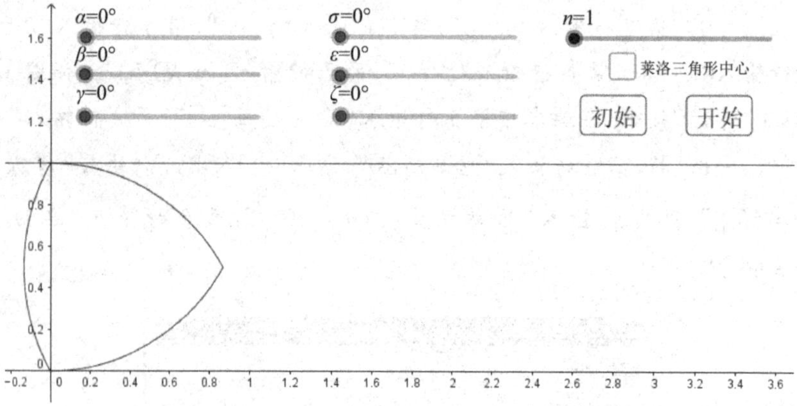

图 17

八、实验小结

单击复选框"莱洛三角形中心"前的方框,显示莱洛三角形中心。单击"初始"按钮,再单击"开始"按钮,观察莱洛三角形中心的运动轨迹,再次判断车轮设计成莱洛三角形是否可行。

4. 基于"莱洛三角形车轮"数学实验案例的思考

本实验案例遵循了学生探究新知的认知规律,首先提出问题"车轮为什么是圆的",这个问题能够有效激发学生探求方法解决问题的热情。接着抛出问题"车轮可以是一般三角形吗""还可以设计成特殊三角形吗"。在系列问题的引导下，学生迫切想寻求一种方法来解决这些问题。此时让学生使用GGB软件，通过实验的手段来解决问题，他们是十分感兴趣的。学生操作信息技术软件，让原来只能依靠想象的知识得到直观显示。在操作实践中，学生可以肯定地给出判断“车轮是不可以设计成三角形的”，但是对“能不能设计成莱洛三角形”却很难做出正确判断。基于此，我们设计了GGB操作程序，让莱洛三角形运动起来，要求学生通过观察运动着的莱洛三角形做出正确判断，找到回答问题的关键要素，对“行不行，为什么”做出全面回答。在研究这个数学实验案例前，很多学生认为：车轮是可以设计成莱洛三角形的，因为它也像圆那样具有“等距性”。但是通过设计程序并操作实验，再结合观察，最后得出的结论是“车轮是不可以设计成莱洛三角形的”。因为莱洛三角形的中心运动的轨迹是规则的曲线，会给驾乘者带来不适的颠簸感。通过实验操作，学生改变了原有的错误想法，这就是开展本实验的价值所在。

3.3 网络画板类实验资源的开发与实践

3.3.1 多边形的内角和与外角和

1. 数学实验内容分析

在小学数学的“三角形的内角和”教学中，教师采用的做法是让学生剪掉三角形纸片的三个角，然后将这三个角拼在一起，让学生从直观上观察得出“三个内角的和是180°”。这是一个比较简单、易操作的微型数学实验活动。在初中数学学习中，新课标提倡“大单元教学”和“大概念教学”。在苏科版义务教育教科书《数学》七年级下册“平面图形的认识(二)”这一章中，将要学习“三角形内角和”，紧接着研究“多边形的内角和与外角和”问题。如果从单元整体教学的角度看，三角形的内角和与外角和属于多边形的研究范畴，因此我们将多边形的内角和与外角和作为一个“大概念”来学习和探究，学习的思路是从三角形内外角和到四边形内外角和再到一般多边形的内外角和。教师引导学生通过操作网络画板软件探究多边形内角和与外角和的重要性质。学生在探究数学结论的过程中，感悟转化与化归的数学思想，为将来学习更多的数学知识积累活动经验。

2. 数学实验目的与实验准备

【实验目的】

(1) 通过拼角、转角与证明，掌握三角形内角和定理。

(2) 通过拼多边形、分割多边形与证明，掌握多边形内角和定理。

(3) 通过拼角、转角、缩形与证明，掌握多边形的外角和定理。

(4) 通过任意四边形的平面镶嵌，感受多边形内角和定理的应用价值。

【实验准备】

(1) 知识准备：多边形的内角和与外角和是在三角形内角和与外角和的基础上进行拓展和研究的，学生需要经历由特殊到一般的研究过程。对多边形内角和与外角和的探究，能为学生今后学习平面镶嵌知识做铺垫。

(2) 硬件准备：安装有网络画板软件的计算机。

说明：每个活动分两部分，程序制作由教师完成或者师生共同完成，实验操作是根据教学需要由学生操作或者教师操作演示。

3. 实验程序制作与应用

活动 1 用拼角的方法验证三角形内角和等于 180°

1.“旋转拼角”程序制作

(1) 新建△ABC，分别取三边中点 D，E，F，在△ABC 内部取一点 O，构造四边形 AEOD，BEOF，CDOF。为了形成鲜明的对比效果，分别将其设置成红、黄、蓝三种颜色，如图 1 所示。

(2) 新建变量 a（表示四边形 AEOD 旋转的角度），最小值为 0，最大值为 180，增量为 1，当前值为 0；新建变量 b（表示四边形 BEOF 平移的比例），最小值为 0，最大值为 1，增量为 0.01，当前值为 0。

(3) 四边形 AEOD 绕点 D 按顺时针方向旋转 $a°$，将四边形 BEOF 沿点 B 到点 C 的方向和距离平移，平移比例为 b。新建驱动变量 a，b 的动画“三角形内角和”，最后隐藏点 O，形成图 2。

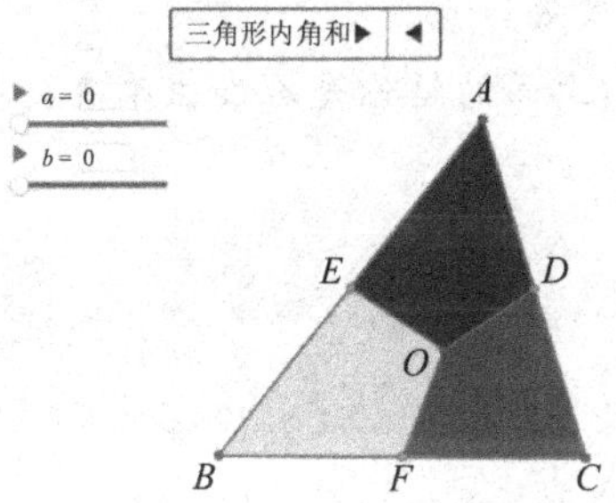

图 1

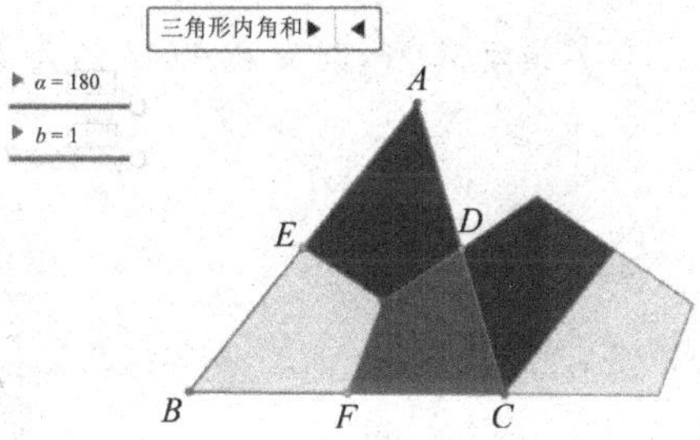

图 2

2. 实验操作

(1) 单击动画“三角形内角和”，观察图形的旋转和平移，结果如图 2 所示。

(2) 根据图形说出三角形的三个内角和的度数。

(3) 拖动点 A，改变△ABC 的大小和形状，上面的结论是否发生改变？

3.“翻折拼角”程序制作

(1) 新建△ABC，分别取 AB，AC 的中点 D，E，连接 DE，过点 D，E 分别作 BC 的垂线，垂足分别为点 F，G；作点 B 关于 DF 的对称点 H，以点 D 为圆心作 $\overset{\frown}{BH}$，$\overset{\frown}{AH}$，以点 E 为圆心作 $\overset{\frown}{CH}$；分别在 $\overset{\frown}{BH}$，$\overset{\frown}{AH}$，$\overset{\frown}{CH}$ 上取点 J（点值为 u1），I（点值为 u2），K（点值为 u3），作△DFJ，△DEI，△EGK，如图 3 所示。

(2) 新建驱动变量 $u2$，$u1$，$u3$（注意顺序）的动画“三角形内角和”，$u1$ 的值从 0 到 1 变化，$u2$，$u3$ 的值从 1 到 0 变化，方式为串行。

(3) 隐藏不必要的对象，初始动画，结果如图 4 所示。

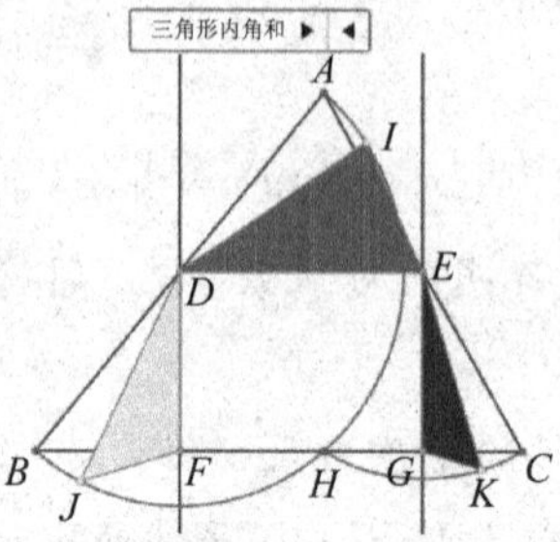

图 3

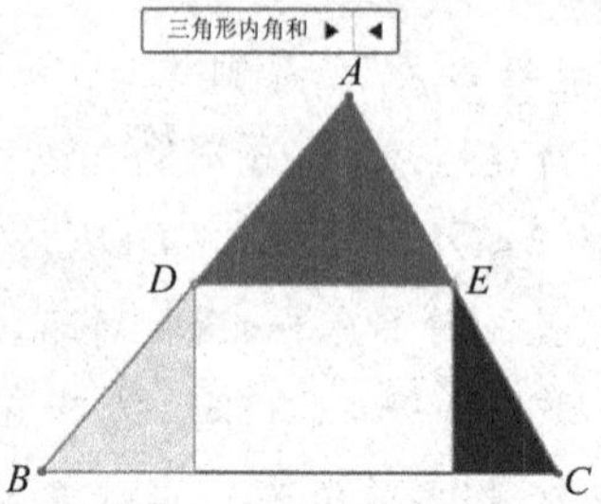

图 4

4. 实验操作

(1) 单击动画“三角形内角和”，观察图形的旋转和平移，结果如图 5 所示。

(2) 根据图形说出三角形的三个内角和的度数。

(3) 拖动点 A，改变△ABC 的大小和形状，上面的结论是否发生改变？

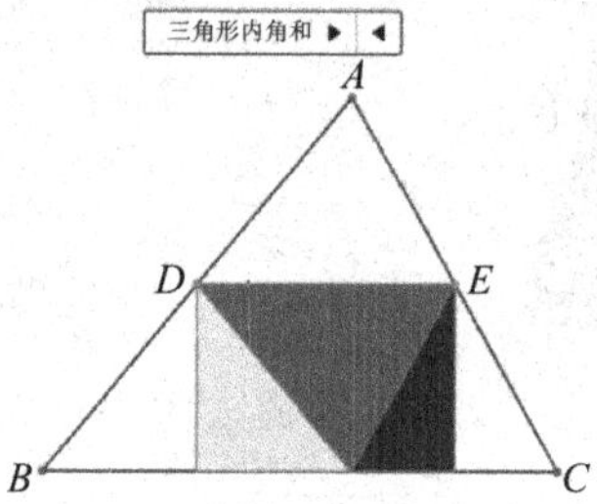

图 5

活动 2 用转角的方法验证三角形内角和等于 180°

1. “旋转量角”程序制作

(1) 如图 6 所示，新建△ABC，在△ABC 内部画一条与 AC 平行的有向线段 DE。

(2) 测量∠CAB，∠ABC，∠BCA，得到测量值 $m0$，$m1$，$m2$；将线段 DE（包含点 D）绕点 E 按逆时针方向旋转 $m0$（角度），得到线段 FE；将线段 FE（包含点 E）绕点 F 按逆时针方向旋转 $m1$（角度），得到线段 FG；将线段 FG（包含点 F）绕点 G 按逆时针方向旋转 $m2$（角度），得到线段 HG（最后一次旋转可省略）。

(3) 新建变量 a,b,c，最小值均为 0，最大值均为 1，当前值均设为 0.5。将线段 DE 绕点 E 按逆时针方向旋转 $m0\times a$(角度)，将线段 FE 绕点 F 按逆时针方向旋转 $m1\times b$(角度)，将线段 FG 绕点 G 按逆时针方向旋转 $m2\times c$(角度)。

(4) 隐藏线段 EF,FG,GH，隐藏不必要的点，设置第一条浅色线段的显示条件为"$a>0$"，第二条浅色线段的显示条件为"$b>0$"，第三条浅色线段的显示条件为"$c>0$"。

(5) 新建驱动变量 a,b,c 的动画"转角"，类型为串行，初始动画($a=0$，$b=0,c=0$)，结果如图 7 所示。

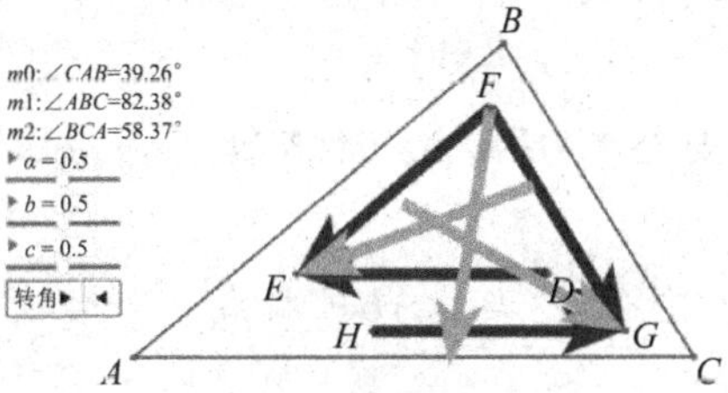

图 6

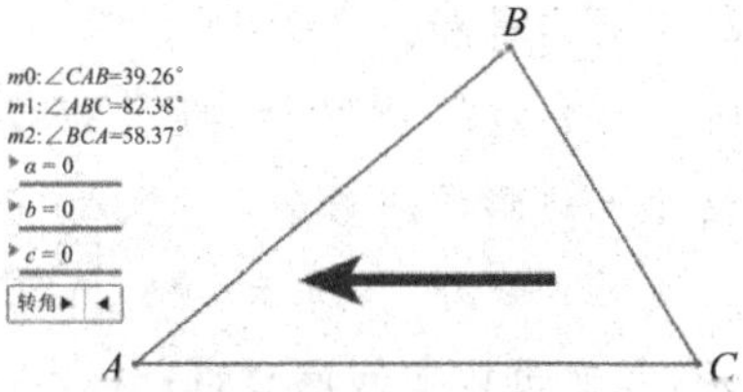

图 7

2. 实验操作

(1) 单击动画"转角"，观察线段的旋转过程，结果如图 8 所示。

(2) 根据图形说出三角形的三个内角和的度数。

(3) 拖动点 A，改变$\triangle ABC$ 的大小和形状，上面的结论是否发生改变？

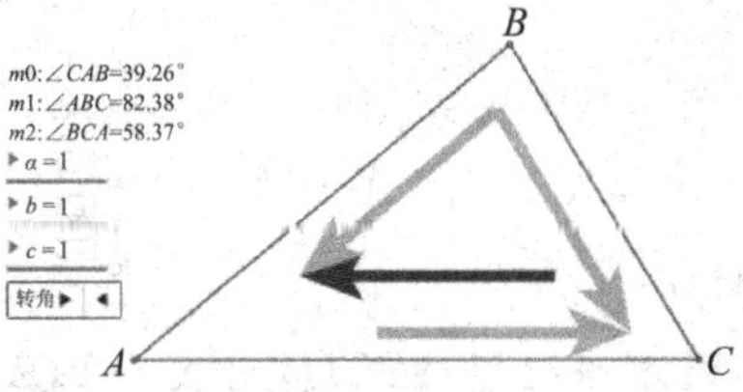

图 8

活动 3 用拼多边形的方法探究多边形的内角和

1. "拼多边形法"程序制作

(1) 如图 9 所示，新建六边形 $ABCDEF$，将其分成 4 个三角形：$\triangle ABC$，$\triangle ACD$，$\triangle ADE$，$\triangle AEF$；复制$\triangle ABC$，$\triangle ACD$，$\triangle ADE$，$\triangle AEF$，得到 4 个分离的三角形。锁定图中所有多边形(锁定后只能平移)。

(2) 隐藏六边形 $ABCDEF$，只保留 4 个分离的三角形，结果如图 10 所示。

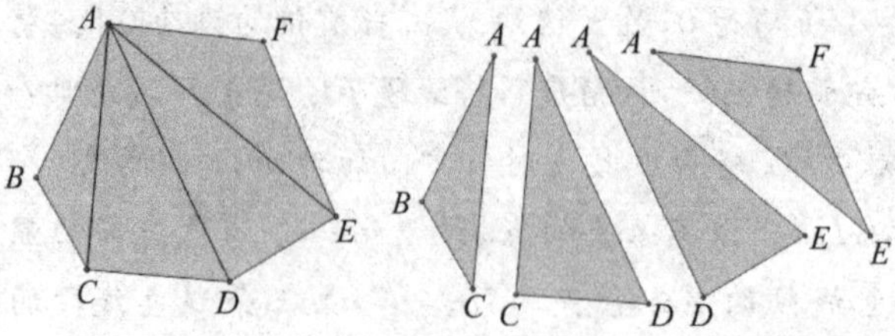

图 9

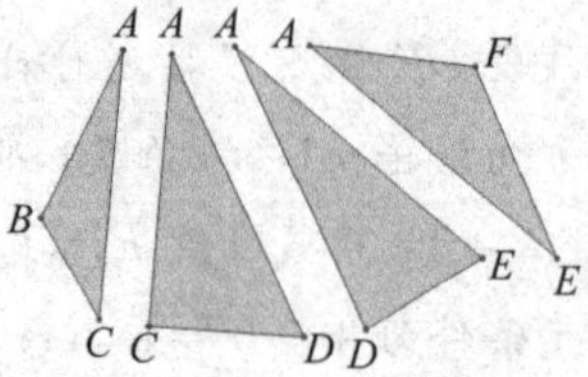

图 10

2. 实验操作

(1) 如图 11 所示，将△ABC 与△ACD 拼成一个四边形，并说出这个四边形的内角和。

(2) 如图 12 所示，将△ABC，△ACD 与△ADE 拼成一个五边形，并说出这个五边形的内角和。

(3) 如图 13 所示，将△ABC，△ACD，△ADE 与△AEF 拼成一个六边形，并说出这个六边形的内角和。

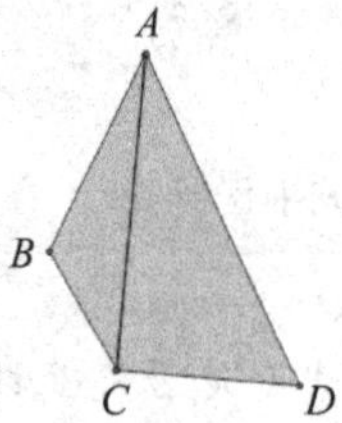

图 11

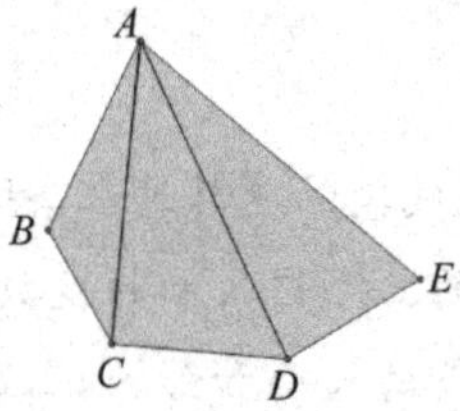

图 12

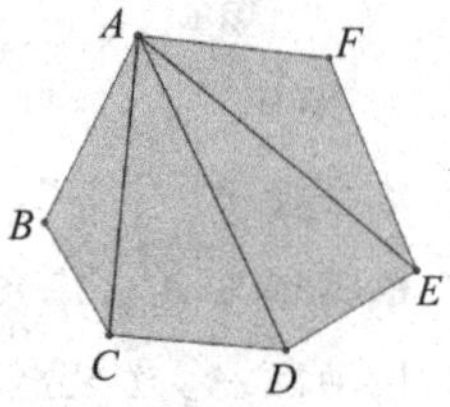

图 13

活动 4 用拼角的方法探究多边形的外角和

1.“拼角法”程序制作

(1) 如图 14 所示，新建四边形 $ABCD$，射线 DA，AB，BC，CD，以点 A 为圆心、1.5 为半径作⊙A，取⊙A 与射线 DA 的交点 G，与射线 AB 的交点 H，构造扇形 AGH(表示点 A 处的外角)。用同样的方法构造出四边形 $ABCD$ 的其余外角。

(2) 用同样的方法构造五边形 $ABCDE$ 及其外角。

(3) 新建变量 a，b，最小值为 0，最大值为 1，当前值设为 0，新建点 P，Q；用平移工具将四边形 $ABCD$ 的 4 个外角沿相应圆心到点 P 的方向与距离平移，平移比例为 a；将五边形 $ABCDE$ 的 5 个外角沿相应圆心到点 Q 的方向与距离平移，平移比例为 b。

(4) 新建驱动变量 a 的动画“拼四边形外角”，再新建其对应的“初始化”按钮，设置变量 $a=0$；新建驱动变量 b 的动画“拼五边形外角”，再新建其对应的“初始化”按钮，设置变量 $b=0$。

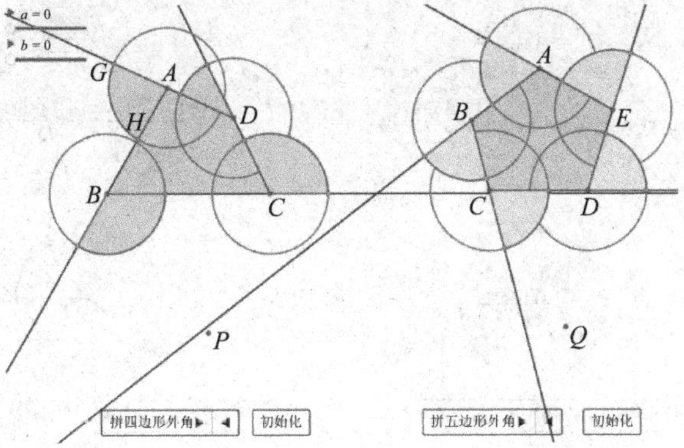

图 14

(5) 隐藏不必要的对象，分别单击两个“初始化”按钮，结果如图 15 所示。

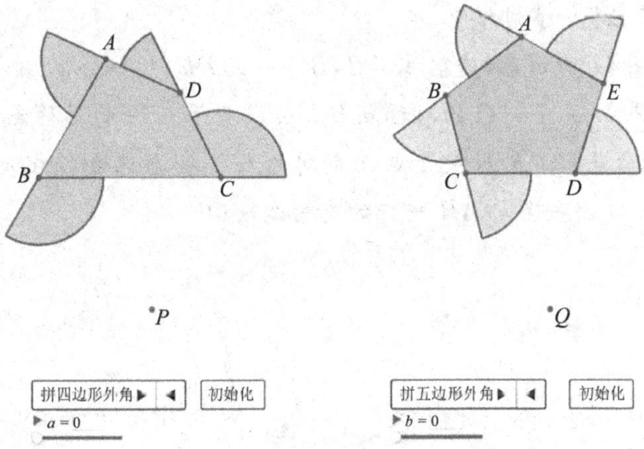

图 15

2. 实验操作

(1) 如图 16 所示，单击“拼四边形外角”按钮，观察 4 个外角的平移过程与结果，你发现了什么？单击“拼五边形外角”按钮，观察 5 个外角的平移过程与结果，你发现了什么？

(2) 拖动四边形 $ABCD$ 或五边形 $ABCDE$ 的顶点，改变它们的大小和形状，上面的结论是否发生改变？

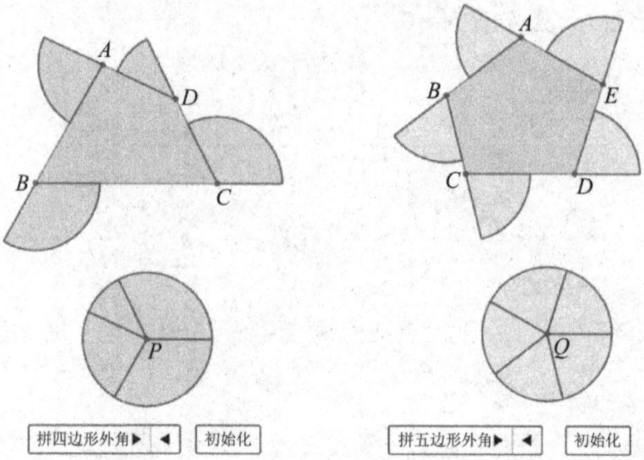

图 16

活动 5 用转角的方法探究多边形的外角和

1. “转角法”程序制作

(1) 如图 17 所示，新建射线 AB，BC，CD，DE，EA，作点 A 关于点 B 的对称点 A_1，点 B 关于点 C 的对称点 B_1，点 C 关于点 D 的对称点 C_1，点 D 关于点 E 的对称点 D_1，点 E 关于点 A 的对称点 E_1。在五边形 $ABCDE$ 内部取一点 O，过点 O 画一条与 AB 平行的有向线段 OP。

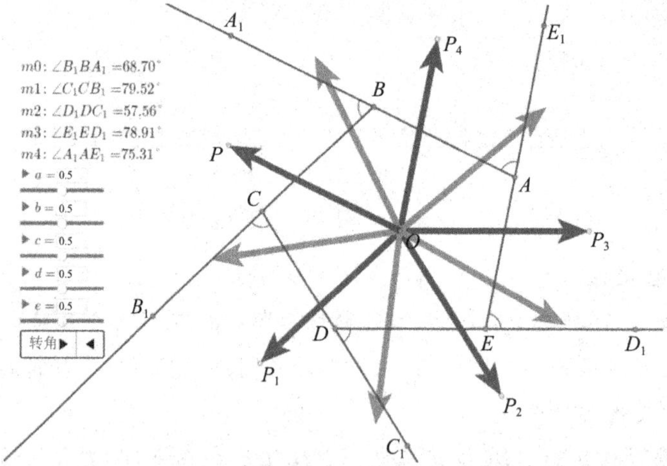

图 17

(2) 标注并测量$\angle B_1BA_1$，$\angle C_1CB_1$，$\angle D_1DC_1$，$\angle E_1ED_1$，$\angle A_1AE_1$，得到测量值 $m0$，$m1$，$m2$，$m3$，$m4$。将线段 OP 绕点 O 按逆时针方向旋转 $m0$(角度)，得到线段 OP_1；将线段 OP_1 绕点 O 按逆时针方向旋转 $m1$(角度)，得到

线段 OP_2；将线段 OP_2 绕点 O 按逆时针方向旋转 $m2$(角度)，得到线段 OP_3；将线段 OP_3 绕点 O 按逆时针方向旋转 $m3$(角度)，得到线段 OP_4。

(3) 新建变量 a,b,c,d,e，最小值均为 0，最大值均为 1，当前值均设为 0.5。将线段 OP 绕点 O 按逆时针方向旋转 $m0\times a$(角度)，将线段 OP_1 绕点 O 按逆时针方向旋转 $m1\times b$(角度)，将线段 OP_2 绕点 O 按逆时针方向旋转 $m2\times c$(角度)，将线段 OP_3 绕点 O 按逆时针方向旋转 $m3\times d$(角度)，将线段 OP_4 绕点 O 按逆时针方向旋转 $m4\times e$(角度)。

(4) 隐藏线段 OP_1，OP_2，OP_3，OP_4，隐藏不必要的点，设置第一条浅色线段的显示条件为"$a>0$"，第二条浅色线段的显示条件为"$b>0$"，第三条浅色线段的显示条件为"$c>0$"，第四条浅色线段的显示条件为"$d>0$"，第五条浅色线段的显示条件为"$e>0$"。

(5) 新建驱动变量 a,b,c,d,e 的动画"转角"，类型为串行，初始动画($a=0,b=0,c=0,d=0,e=0$)，结果如图 18 所示。

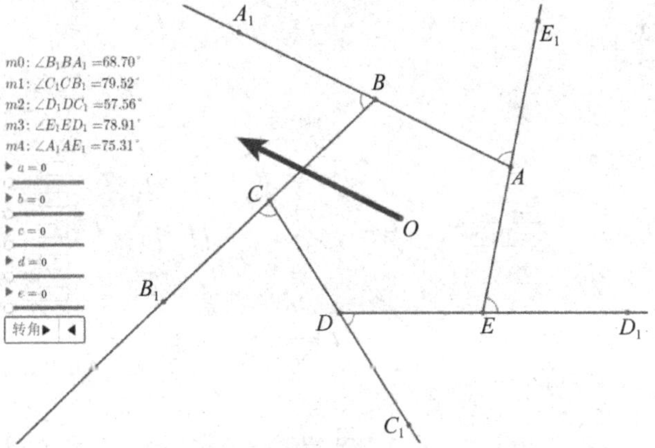

图 18

2. 实验操作

(1) 单击动画"转角"，观察线段的旋转过程，结果如图 19 所示。

(2) 根据图形说出五边形外角和的度数。

(3) 拖动点 A，改变五边形 $ABCDE$ 的大小和形状，上面的结论是否会发生改变？

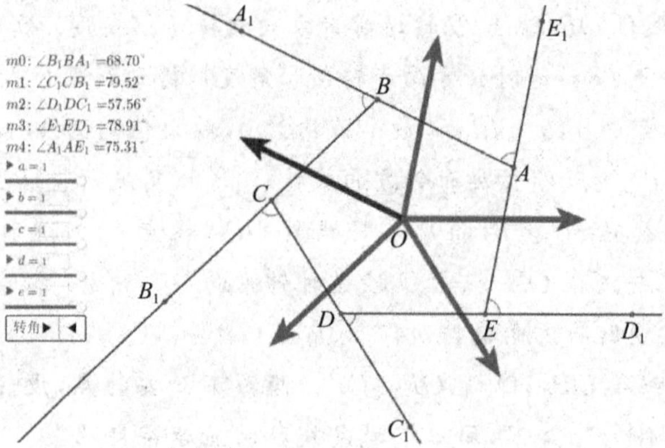

图 19

活动 6 用缩形的方法探究多边形的外角和

1."缩形法"程序制作

(1) 如图 20 所示,新建射线 AB,BC,CD,DE,EA,在五边形 $ABCDE$ 内部取一点 O。

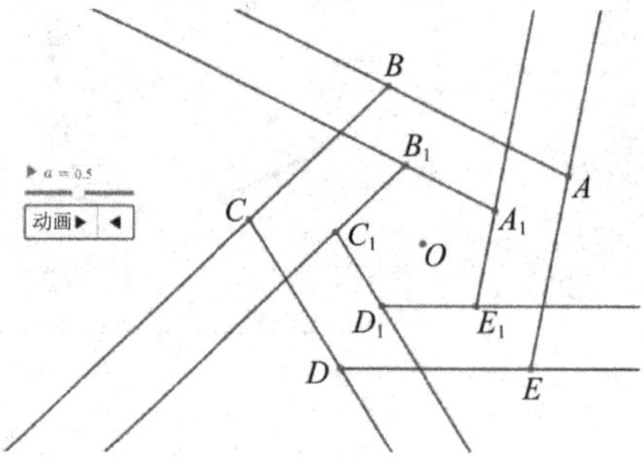

图 20

(2) 新建变量 a,最小值为 0,最大值为 1,增量为 0.01,当前值设为 0.5。选择射线 AB,BC,CD,DE,EA,以 O 为中心,将射线 AB,BC,CD,DE,EA 缩放,比例为 a,得到射线 A_1B_1,B_1C_1,C_1D_1,D_1E_1,E_1A_1(将它们的显示条件设为"$a>0$")。新建驱动变量 a 的动画,起始值设为 1,终止值设为0.000 1。

2. 实验操作

如图 21 所示,单击"动画",观察五边形 $ABCDE$ 缩小成一个"点"的过程与结果,你发现了什么?

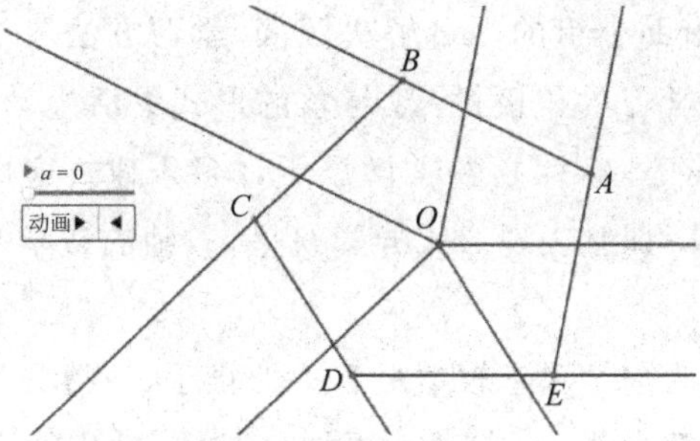

图 21

4. 基于该数学实验案例的思考

(1) 注重开展数学实验，培养知识探究能力。

章建跃博士说"初中数学实验是学生动手动脑，以'做'为支架的数学教与学的活动方式，是在教师的引导下，运用实验工具，通过具体实践，在认知和非认知因素的参与下，进行的一种发现数学结论、理解数学知识、验证数学猜想的数学活动，其核心是手脑协同，启思明理"。在本案例中，教师在课堂上注重开展数学实验教学，改变了以往要靠"推导"得到多边形外角和的方式，学生不再是"听"数学或"看"数学，而是针对所要学习的知识，有步骤、有目的地动手"做"实验。本案例首先发现问题、提出猜想，通过度量、拼图等直观性操作验证猜想的正确性，再在问题的驱动下由验证猜想到探究结论，最后通过论证和说理证明猜想的正确性。这种基于数学实验的教学将课本中晦涩难懂的知识具体化、可操作化。学生经历手脑并用"做"数学的过程，有效地培养了对知识的探究能力及应用能力。

(2) 通过开展数学实验，提高数学学习效果。

初中数学实验教学是一种教与学互相促进、师生共同成长的教学活动方式，是数学教学方法体系中必不可少的元素。数学实验作为数学知识教学的一个环节，是一种"做"数学的方式。通过开展数学实验教学，可以让学生参与完整的数学学习过程。在本案例中，教师带领学生操作网络画板探究多边形的外角和，充分调动学生学习的积极性、主动性、创造性，激活学生的数学思维，培养其团队协作精神，提高其学习效果。

(3) 积极开展数学实验，教学形式灵活生动。

数学教师在平时的课堂教学中，最常用的教学形式是讲授、讨论、练习等，学生的学习方法也比较单一。如果教师在课堂教学中能借助现代信息技术积极开展实验活动，那么学生在投入数学实验的过程中，会自觉根据所学知识有目的、有步骤地动手实践，遇到不能独立完成的实验环节会与同学合作完成，甚至还会借助小组的力量解决疑问，学习方法灵活多变。数学实验还能充分调动学生学习的积极性，教与学的形式灵活生动，师生互动更加频繁，生生互动成为常态，给课堂教学增添了许多乐趣。这样的数学课堂融知识性、趣味性于一体，课堂表现形式异彩纷呈，教师的教学基本功也得到了全面展示。

数学实验将成为数学课堂教学最有力的推手，使得数学知识教学表现形式多样化、具体化，数学概念、定理不再抽象难懂，学生能享受到较完整的数学学习过程。数学实验是数学教学发展到当下的必然产物，是在教师"教"与学生"学"的需求下诞生的，必将以较科学、较优越的育人功能在数学教学中永葆青春和活力。

3.3.2 二次函数的图像与性质

1. 数学实验内容分析

"二次函数的图像与性质"是苏科版义务教育教科书《数学》九年级下册第5章的内容。传统的课堂教学主要依靠教师"告诉"学生图像是什么，或者依靠学生自己动手画图。但是在实践过程中发现，学生在画图时，因为选取的点的个数是有限的，并且点的坐标通常取整数，所以在描点环节会出现各种奇形怪状的"折线"。有的同学用直尺将平面直角坐标系内的两个点连接起来，这样的抛物线就是折线了。除此之外，学生画图要占用课堂很多宝贵的时间，直接影响有效教学容量。将信息技术应用于二次函数的图像与性质的探究中，学生在教师的引导下操作网络画板软件，列表、描点、连线一气呵成，十分自然地得到比较光滑的抛物线，能够节约课堂时间，为总结二次函数的图像与性质留出时间，也能够增加课堂的训练量。

2. 数学实验目的与实验准备

【实验目的】

(1) 通过描点、加密、跟踪，认识二次函数的图形是抛物线。

(2) 通过图形变换，认识抛物线的轴对称性与平移特征。

(3) 利用二次函数的图形求一元二次方程的近似解。

【实验准备】

(1) 安装网络画板软件的计算机，每个小组一台。

(2) 掌握二次函数的概念及二次函数的几种形式。

(3) 教师可以课前布置任务，也可以课堂上由师生共同操作完成。

3. 数学实验设计制作与应用

活动 1 用列表、描点、连线的方法画二次函数 $y=ax^2$ 的图像

1.“一般画法”的设计与制作

自定义坐标系，新建表格和画图说明，如图 1 所示。

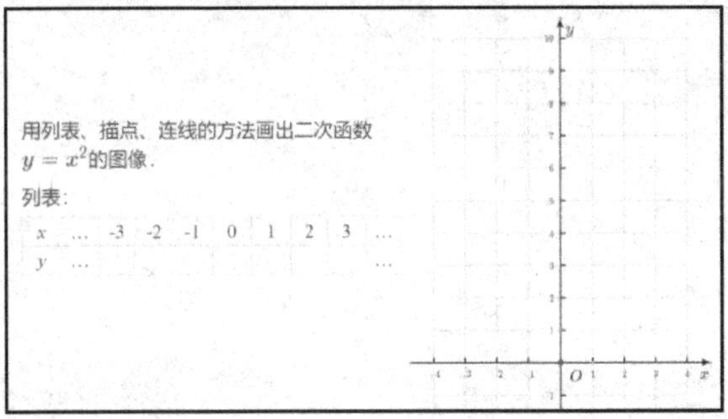

图 1

2. 实验操作

(1) 学生根据二次函数的表达式进行计算、填表。

(2) 按表格中的数据找到对应点的坐标，用直角坐标系标点工具在坐标系中描点，让学生观察并描述这些点的排列特征。

(3) 根据以上操作，让学生说一说二次函数 $y=x^2$ 的图像可能是怎样的图形。

活动 2 用加密的方法探究二次函数 $y=ax^2$ 的局部图像

1.“加密法”的设计与制作

将图 1 中坐标系的第一象限放大，显示新的表格，如图 2 所示。

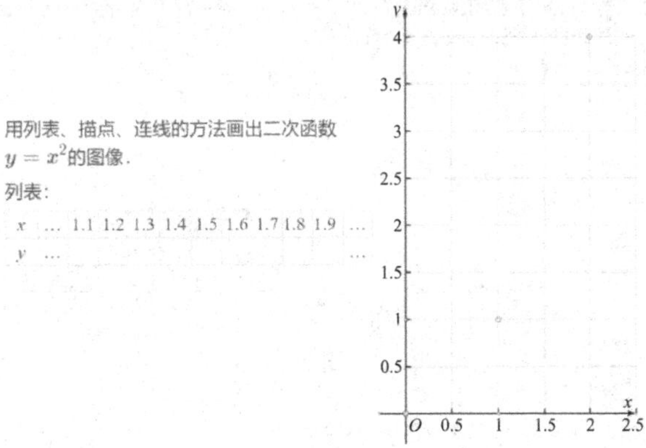

图 2

2. 实验操作

如图 3 所示，通过直角坐标系标点工具批量创建表格中对应的点，观察新建的 9 个点的排列特征，再缩小坐标系，观察所有点的排列特征。

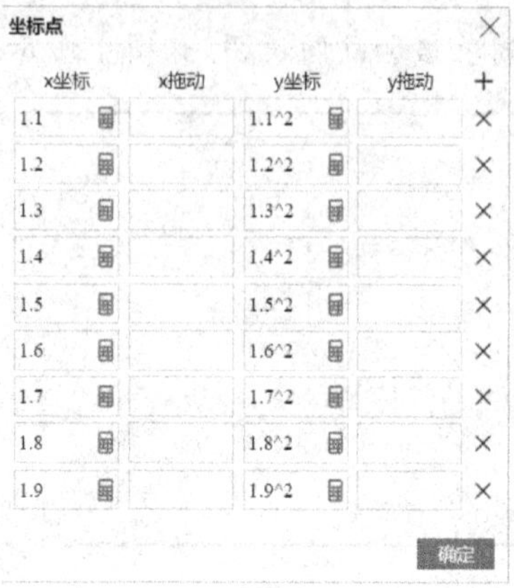

图 3

活动 3 用跟踪的方法动态生成二次函数 $y=ax^2$ 的图像

1.“跟踪动态生成法”的设计与制作

（1）如图 4 所示，先设置坐标系的显示范围，新建变量 a，最小值为 -3，最大值为 3，增量为 0.01，当前值为 -3。

（2）新建点 $A(a, a^2)$，将点 A 设为跟踪点，再新建驱动变量 a 的动画。

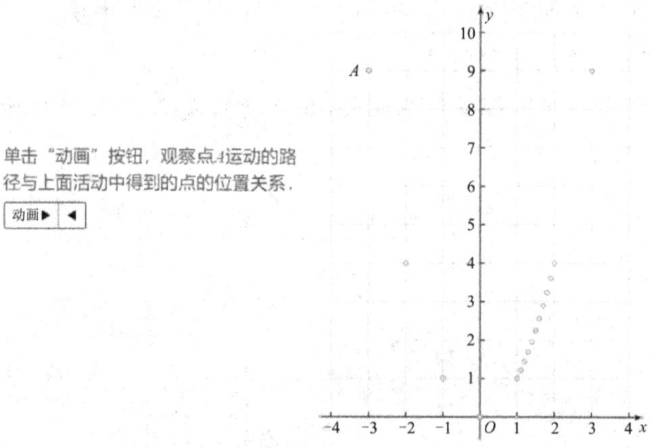

图 4

2. 实验操作

（1）判断点 A 与二次函数 $y=x^2$ 的图像的位置关系。

(2) 单击“动画”按钮，观察点 A 运动的路径与活动 1、活动 2 中得到的点的位置关系。

(3) 通过上面的描点、加密和跟踪探究，你认为二次函数 $y=x^2$ 的图像是怎样的图形？

(4) 根据活动 1、活动 2、活动 3 可获得“二次函数 $y=x^2$ 的图像是一条抛物线”的认知，再通过绘制几个具体二次函数的图像，得到一般性结论：二次函数 $y=ax^2(a\neq0)$ 的图像是抛物线。

活动 4 探究抛物线的对称性(轴对称性、中心对称性)

1. “对称性探究”的设计与制作

如图 5 所示，新建变量 a,h,k，最小值均为 -5，最大值均为 5，自定义坐标系；新建函数 $y=a(x-h)^2+k$，绘制其图像；新建直线 $x=h$(显示其表达式，将图像隐藏)，新建点 $A(h,k)$，过点 A 作 x 轴的垂线(注：网络画板中不支持以函数的图像作为对称轴)。

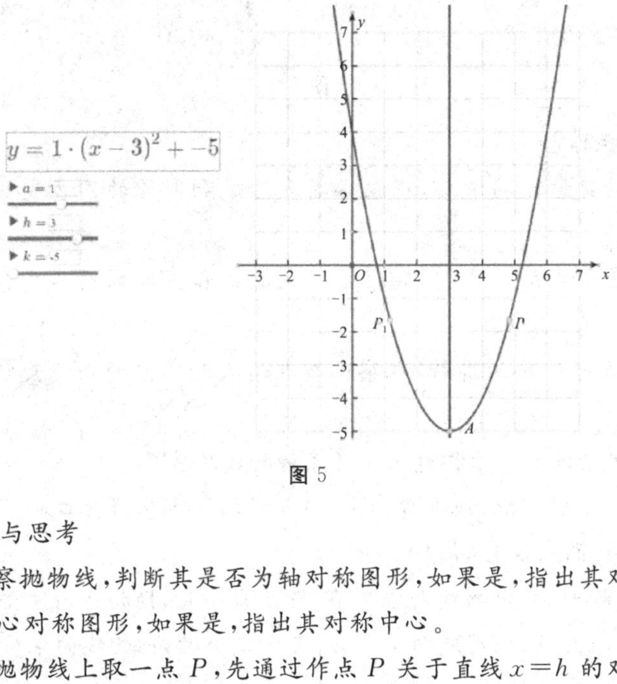

图 5

2. 操作与思考

(1) 观察抛物线，判断其是否为轴对称图形，如果是，指出其对称轴；判断其是否为中心对称图形，如果是，指出其对称中心。

(2) 在抛物线上取一点 P，先通过作点 P 关于直线 $x=h$ 的对称点，验证抛物线的对称性，再用说理的方法说明其正确性。

(3) 通过活动 4 的探究可以得到关于抛物线的如下结论：抛物线 $y=a(x-h)^2+k(a\neq0)$ 是轴对称图形，其对称轴是经过顶点 (h,k) 且平行于 y 轴的直线 $x=h$。

活动 5 探究抛物线的平移特征

1. “抛物线平移”的设计与制作

如图 6 所示，新建变量 a, h, k，最小值均为 -5，最大值均为 5，自定义坐标系，新建函数 $y=ax^2$，$y=ax^2+k$，$y=a(x-h)^2$，$y=a(x-h)^2+k$，并绘制图像，新建直线 $x=h$，新建点 $A(0,k)$，$B(h,0)$，$C(h,k)$。

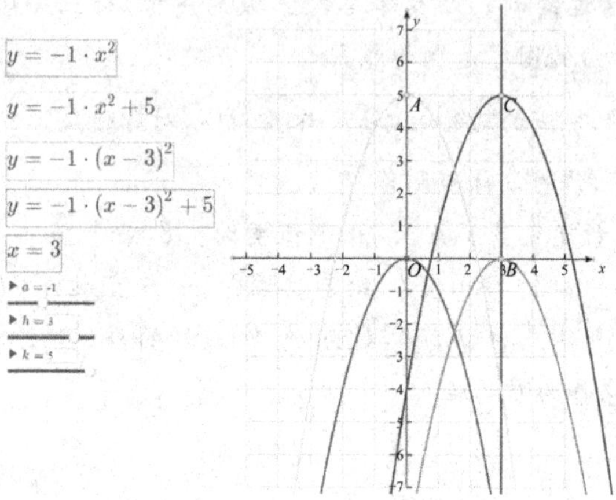

图 6

2. 实验操作

(1) 拖动变量 a 的滑杆，观察函数表达式和图像的同步变化，你发现了什么？

(2) 拖动变量 h 的滑杆，观察函数表达式和图像的同步变化，你发现了什么？

(3) 拖动变量 k 的滑杆，观察函数表达式和图像的同步变化，你发现了什么？

(4) 通过活动 5 可以得到如下关于抛物线的性质：

① 当 $a>0$ 时，抛物线开口向上；当 $a<0$ 时，抛物线开口向下。

② 抛物线的顶点为 (h,k)。

③ 当 h 增大时，抛物线向右平移；当 h 减小时，抛物线向左平移。

④ 当 k 增大时，抛物线向上平移；当 k 减小时，抛物线向下平移。

活动 6 用抛物线求一元二次方程的近似解

1. “由图像求近似解”的设计与制作

(1) 如图 7 所示，新建变量 a, b, c，最小值均为 -5，最大值均为 5，自定义坐标系；新建函数 $y=ax^2+bx+c$，绘制其图像，显示其动态表达式；再新建

动态文本 $ax^2+bx+c=0$。

(2) 改变变量 a,b,c 的值，使得抛物线与 x 轴有两个交点，设为点 A,B；测量点 A 的横坐标 $m1$，测量点 B 的横坐标 $m2$，计算 b^2-4ac 的值 $m3$；新建文本“$$Δ=$bl{m3,2}$$”“$${x}_{1}=$bl{m1,2}$$”“$${x}_{2}=$bl{m2,2}$$”。

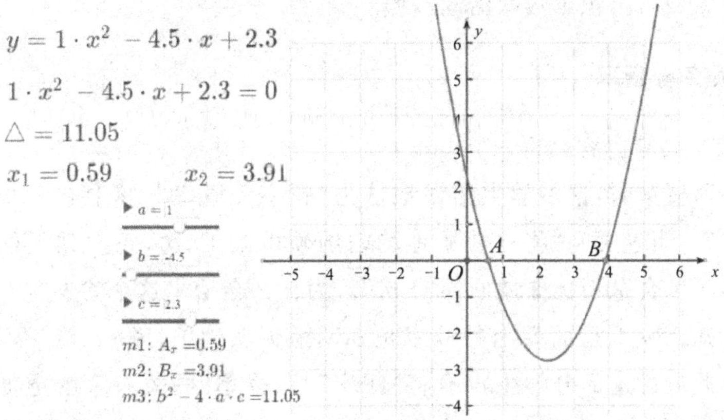

图 7

2. 实验操作

(1) 分别拖动变量 a,b,c 的滑杆，观察函数、方程表达式和图像的同步变化，你发现了什么？

(2) 分别拖动变量 a,b,c 的滑杆，观察抛物线与 x 轴的交点情况和判别式 Δ 的值、方程的近似解之间的同步变化，你有什么发现？

(3) 通过活动 6 可得，当判别式 $\Delta\geqslant0$ 时，抛物线 $y=ax^2+bx+c(a\neq0)$ 与 x 轴有交点，其交点的横坐标是一元二次方程 $ax^2+bx+c=0(a\neq0)$ 的解。

4. 基于该数学实验案例的思考

对初中生来说，二次函数的学习任务较为繁重，特别是二次函数的图像与性质，以及二次函数图像的平移规律探究，每一步都需要学生列表、描点、连线，整个画图过程十分耗时。这样的教学过程导致课堂容量很小，甚至有时一节课学生都在画图，探究性质、归纳规律的时间根本没有。这种教学方式对于初三学生来说，肯定是低效的。基于这种情况，信息技术与数学知识的融合就成了师生共同追求的目标。本实验案例就是将网络画板软件应用于二次函数图像性质与平移等知识的探究过程中，学生通过动手操作、动脑思考、动笔归纳等实验活动，短时间内就能够探究出二次函数的图像以及图像的性质，还能够非常直观地看到各种类型的二次函数图像的变化过程及它们之间的联系。网络画板软件将原来需要学生通过画图才能实现的几何直观快速生成图像，将原本抽象的性质、平移规律等知识具体化、形象化，有利于学生掌握重点、突破难点，还能够激发学生学习数学的兴趣，提高数学探究的积极性、主动性，积累数学活动经验。

3.3.3 频率与概率

1. 数学实验内容分析

在学习概率时，很多学生错误地认为“频率＝概率”，其中有一个很普遍的错误回答：当老师问“将一枚质地均匀的硬币抛 10 次，正面朝上的次数是几？”有的学生会毫不犹豫地回答“5 次”。为什么会给出这个答案呢？主要是因为学生知道硬币正面朝上的概率是 0.5，这说明他把“频率”与“概率”画等号了。由此可见这部分学生没有将“频率”与“概率”的关系理解透彻。随机事件的概率是一定的，但是在实际操作中，随着重复试验的次数不断增多，该随机事件的频率会趋于稳定在一个数值附近，也就是说会越来越接近概率。这才是频率与概率的正确关系。学生只有真正弄懂了这个关系，才会避免出现上述错误。这里我们通过信息技术软件带领学生充分理解频率与概率的关系，让学生置身于实验操作之中，经历知识的发生、发展过程，感悟数学的美妙。

2. 数学实验操作准备

（1）硬件支持：安装了网络画板软件的计算机。

（2）实验对象：八年级下学期或九年级上学期的学生。

3. 实验程序制作与应用

活动 1 抛一枚硬币

1. 程序制作

（1）如图 1 所示，新建变量 n，最小值为 0，最大值为 1 000，增量为 1；计算“$(m0+1)*\mathrm{sign}(n)$”，得到 $m0$（表示抛硬币的总次数）；计算“$(\mathrm{randomInt}(0,2)*1\hat{}n+m1)*\mathrm{sign}(n)$”，得到 $m1$（表示正面朝上的频数）；计算“$m1/m0$”，得到 $m2$（表示正面朝上的频率）；计算“$\mathrm{randomInt}(0,2)*1\hat{}n$”，得到 $m3$（表示当前硬币的结果，值为 1 表示正面，值为 0 表示反面）。

(2) 新建文本“正面朝上的频数＝\$ bl {$m1$,0}”“正面朝上的频率＝\$ bl {$m2$,4}”“硬币正面朝上的频率”。

(3) 自定义坐标系，新建变量 $u4$(x 轴单位点点值)，$u5$(y 轴单位点点值)，设置 $u4=0.015$，$u5=10$；新建直角坐标点($m0$,$m1$)，设置其为跟踪；新建驱动变量 n 的动画，起止值分别为 0，1 000，步数为 1 000，间隔为 5；新建“初始化”按钮，动作为清除跟踪对象，设置变量 $n=0$。

(4) 插入一元硬币正反面图片，将正面图片的显示条件设为“$m3==1$”，反面图片的显示条件设为“$m3==0$”。

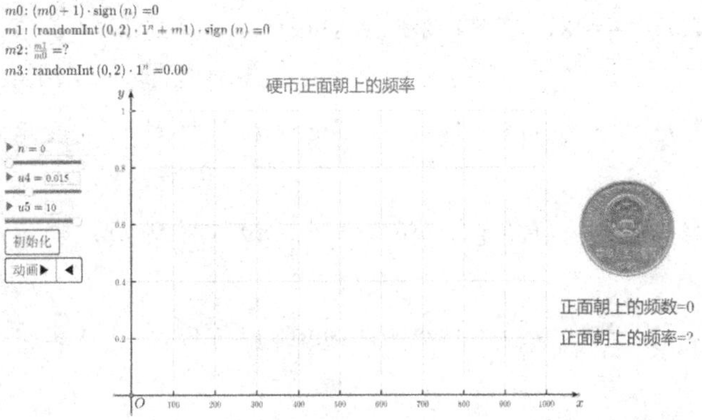

图 1

2. 实验操作

单击“动画”按钮，观察模拟抛掷硬币的过程，结果如图 2 所示。

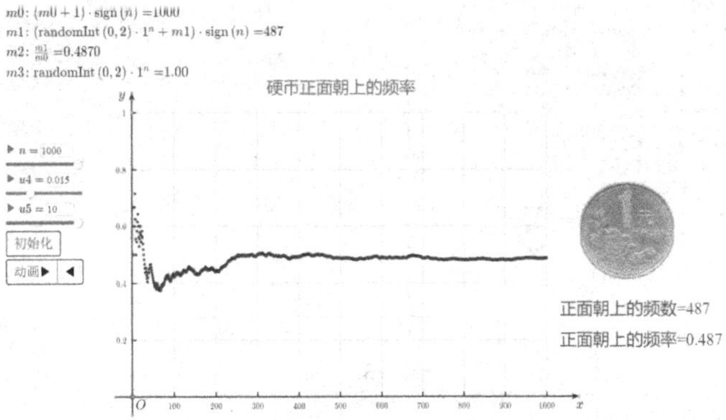

图 2

活动2 抛掷一颗正方体骰子

1. 程序制作

(1) 如图 3 所示，新建变量 n，最小值为 0，最大值为 1 000，增量为 1；

计算“(randomInt(1,7) * 1^n”，得到 $m0$(表示当前抛掷的随机点数)；

计算“if($m0$==1,$m1$+1,$m1$) * sign(n)”，得到 $m1$(表示点数为 1 的频数)；

计算“if($m0$==2,$m2$+1,$m2$) * sign(n)”，得到 $m2$(表示点数为 2 的频数)；

计算“if($m0$==3,$m3$+1,$m3$) * sign(n)”，得到 $m3$(表示点数为 3 的频数)；

计算“if($m0$==4,$m4$+1,$m4$) * sign(n)”，得到 $m4$(表示点数为 4 的频数)；

计算“if($m0$==5,$m5$+1,$m5$) * sign(n)”，得到 $m5$(表示点数为 5 的频数)；

计算“if($m0$==6,$m6$+1,$m6$) * sign(n)”，得到 $m6$(表示点数为 6 的频数)；

计算“($m7$+1) * 1^n * sign(n)”，得到 $m7$(表示抛掷的总次数)。

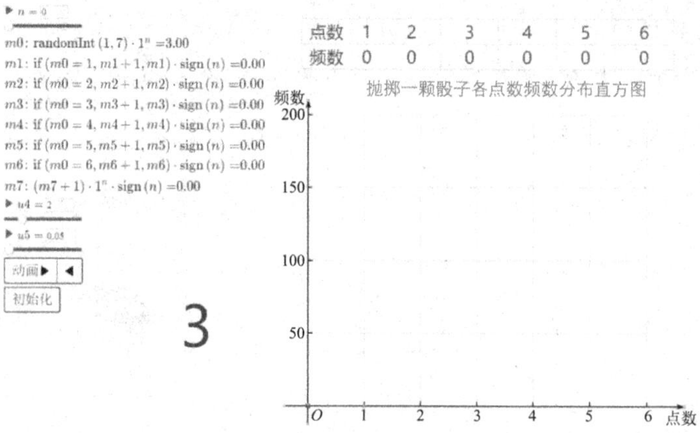

图 3

(2) 新建文本“$bl{m0,0}”“抛掷一颗骰子各点数频数分布直方图”；新建表示各点数频数的表格，表格中插入表示点数的计算值(图 4)。

点数	1	2	3	4	5	6
频数	$bl{m1,2}	$bl{m2,2}	$bl{m3,2}	$bl{m4,2}	$bl{m5,2}	$bl{m6,2}

图 4

(3) 自定义坐标系，将横轴名称改为“点数”，纵轴名称改为“频数”；新建变量 $u4$(x 轴单位点点值)，$u5$(y 轴单位点点值)，设置 $u4=2$，$u5=0.05$；新建函数 $x=1$，y 的取值范围为 $0\leqslant y\leqslant m1$；新建函数 $x=2$，y 的取值范围为 $0\leqslant y\leqslant m2$；新建函数 $x=3$，y 的取值范围为 $0\leqslant y\leqslant m3$；新建函数 $x=4$，y 的取值范围为 $0\leqslant y\leqslant m4$；新建函数 $x=5$，y 的取值范围为 $0\leqslant y\leqslant m5$；新建函数 $x=6$，y 的取值范围为 $0\leqslant y\leqslant m6$。将上述函数图像的线宽设为 30。

新建驱动变量 n 的动画，起止值分别为 0，1 000，步数为 1 000，间隔为 2；新建“初始化”按钮，设置变量 $n=0$。

2. 实验操作

(1) 单击“动画”按钮，观察模拟抛掷一颗正方体骰子的过程，结果如图 5 所示。

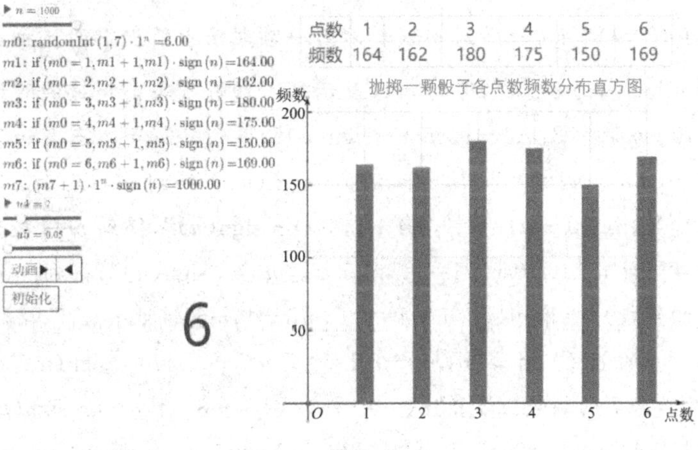

图 5

(2) 隐藏频数分布直方图，仿照上面的方法，绘制频率分布直方图，只需把上述函数线的 y 的取值范围相应改为：函数 $x=1(0\leqslant y\leqslant m1/m7)$，函数 $x=2(0\leqslant y\leqslant m2/m7)$，函数 $x=3(0\leqslant y\leqslant m3/m7)$，函数 $x=4(0\leqslant y\leqslant m4/m7)$，函数 $x=5(0\leqslant y\leqslant m5/m7)$，$x=6(0\leqslant y\leqslant m6/m7)$。将纵轴名称改为频率，纵轴点值改为 50，再次单击“动画”按钮，结果如图 6 所示。

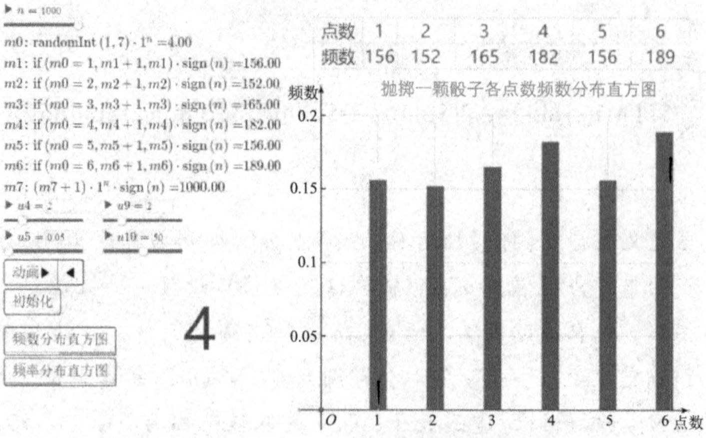

图 6

(3) 结合点数的频数、频率分布直方图，思考：抛掷一颗正方体骰子出现点数 1，2，3，4，5，6 是等可能的吗？如果是，它们的概率分别是多少？

活动 3 抛掷两颗正方体骰子

1. 程序制作

(1) 如图 7 所示，新建变量 n，最小值为 0，最大值为 1 000，增量为 1，计算“(randomInt(1,7) $*$ 1^n”，得到 $m0$(表示第一颗骰子当前抛掷的随机点数)，计算“(randomInt(1,7) $*$ 1^n”，得到 $m1$(表示第二颗骰子当前抛掷的随机点数)；计算“if($m0+m1==2,m2+1,m2$) $*$ sign(n)”，得到 $m2$(表示点数和为 2 的频数)；计算“if($m0+m1==3,m3+1,m3$) $*$ sign(n)”，得到 $m3$(表示点数和为 3 的频数)；计算“if($m0+m1==4,m4+1,m4$) $*$ sign(n)”，得到 $m4$(表示点数和为 4 的频数)；计算“if($m0+m1==5,m5+1,m5$) $*$ sign(n)”，得到 $m5$(表示点数和为 5 的频数)；计算“if($m0+m1==6,m6+1,m6$) $*$ sign(n)”，得到 $m6$(表示点数和为 6 的频数)；计算“if($m0+m1==7,m7+1,m7$) $*$ sign(n)”，得到 $m7$(表示点数和为 7 的频数)；计算“if($m0+m1==8,m8+1,m8$) $*$ sign(n)”，得到 $m8$(表示点数和为 8 的频数)；计算“if($m0+m1==9,m9+1,m9$) $*$ sign(n)”，得到 $m9$(表示点数和为 9 的频数)；计算“if($m0+m1==10,m10+1,m10$) $*$ sign(n)”，得到 $m10$(表示点数和为 10 的频数)；计算“if($m0+m1==11,m11+1,m11$) $*$ sign(n)”，得到 $m11$(表示点数和为 11 的频数)；计算“if($m0+m1==12,m12+1,m12$) $*$ sign(n)”，得到 $m12$(表示点数和为 12 的频数)；计算“($m13+1$) $*$ 1^n $*$ sign(n)”，得到 $m13$(表示抛掷的总次数)；计算“$m0+m1$”，得到 $m14$(表示当前抛掷的两颗骰子的点数和)。

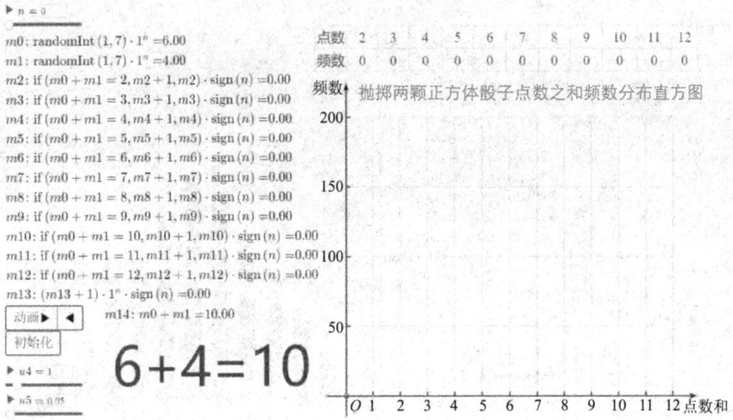

图 7

（2）新建文本“$bl\{m0,2\}+\$bl\{m1,2\}=\$bl\{m14,2\}$”“抛掷两颗正方体骰子点数之和频数分布直方图”；新建表示各点数和频数的表格，表格中插入表示点数和的计算值(图 8)。

点数	2	3	4	5	6	7	8	9	10	11	12
频数	$bl{m2,2}	$bl{m3,2}	$bl{m4,2}	$bl{m5,2}	$bl{m6,2}	$bl{m7,2}	$bl{m8,2}	$bl{m9,2}	$bl{m10,2}	$bl{m11,2}	$bl{m12,2}

图 8

（3）自定义坐标系，将横轴名称改为“点数和”，纵轴名称改为频数；新建变量 $u4$(x 轴单位点点值)，$u5$(y 轴单位点点值)，设置 $u4=1$，$u5=0.05$；新建函数 $x=2$，y 的取值范围为 $0\leqslant y\leqslant m2$；新建函数 $x=3$，y 的取值范围为 $0\leqslant y\leqslant m3$；新建函数 $x=4$，y 的取值范围为 $0\leqslant y\leqslant m4$；新建函数 $x=5$，y 的取值范围为 $0\leqslant y\leqslant m5$；新建函数 $x=6$，y 的取值范围为 $0\leqslant y\leqslant m6$；新建函数 $x=7$，y 的取值范围为 $0\leqslant y\leqslant m7$；新建函数 $x=8$，y 的取值范围为 $0\leqslant y\leqslant m8$；新建函数 $x=9$，y 的取值范围为 $0\leqslant y\leqslant m9$；新建函数 $x=10$，y 的取值范围为 $0\leqslant y\leqslant m10$；新建函数 $x=11$，y 的取值范围为 $0\leqslant y\leqslant m11$；新建函数 $x=12$，y 的取值范围为 $0\leqslant y\leqslant m12$。将上述函数图像的线宽设为 30。

新建驱动变量 n 的动画，起止值分别为 0，1 000，步数为 1 000，间隔为 2；新建“初始化”按钮，设置变量 $n=0$。

2. 实验操作

（1）单击“动画”按钮，模拟抛掷两颗正方体骰子，观察点数和的变化过程，结果如图 9 所示。

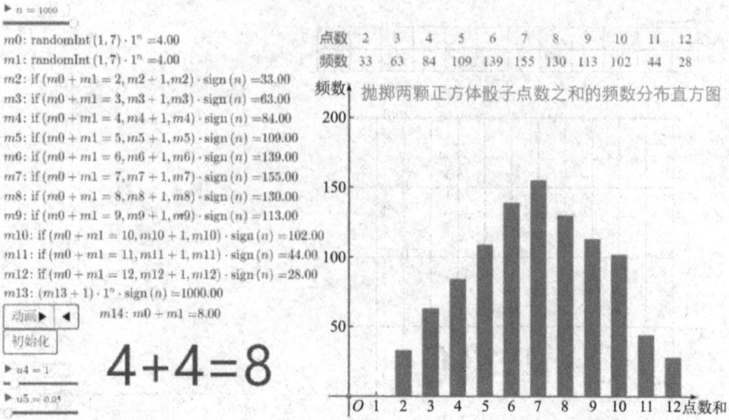

图 9

(2) 仿照活动 2，请你绘制抛掷两颗正方体骰子点数之和的频率分布直方图。

(3) 结合点数和的频数、频率分布直方图，思考抛掷两颗正方体骰子点数之和为几的概率最大。为什么？

4. 基于该数学实验案例的思考

用频率来估计概率是初中数学“统计与概率”部分的核心概念与方法。什么是随机现象？就是在现实世界中，在相同条件下重复同样的实验，该现象有时候发生，有时候不发生。这个现象的发生与否没有规律、不可预测，但是通过大量的实验和观察，从整体情况看，能够表现出一种非偶然的规律性，这就是随机现象。在初中数学中，我们称之为随机事件。一个随机事件发生的概率从数学的角度看是有“数据”可依的，但是在一次实验中，该随机事件发生的频率就无法用严格的数据来表述了。随着实验次数的不断增加，我们会发现，该随机事件出现的频率会趋于概率。由于受到实验环境、人力、物力、财力等因素的限制，想实现无数次重复性实验是很困难的，而现代信息技术用虚拟的方法可以模拟真实的实验环境，学校只需要从硬件方面予以保障，所有学生就均能参与到实验中。该模拟实验案例，从实验的设计、制作过程，到实验的操作和演示，均十分详尽地予以展示，能够引导学生在信息技术环境下实现现实中很难完成的实验活动。学生在实验活动的设计制作中感受信息技术的奥妙，在操作过程中感悟数学知识的生成，明晰频率与概率之间的逻辑关系，为今后的学习打下经验基础，提高数学学习的兴趣，有效落实学科育人目标。

第 4 章　初中数学实验课程资源校本开发的思考

初中数学实验课程资源校本开发与实践的主要目的是服务于教师的教和学生的学。通过课程资源的校本化，能够使初中数学实验课程在常态化课堂中有效实施，能够让学生在最熟悉、最喜欢的实验环境下学习。课题组全体成员通过深入开发研究与教学实践，使得初中数学实验课程资源的校本化有效实施，引领学生深入学习数学知识，并能够引导学生经历数学知识的探究及深度思考过程，帮助学生发现数学结论、体验数学魅力，高质量地实现数学学科立德树人的目标。

一切学科课程资源的开发和实践研究，最终目标都是为了育人，当然初中数学实验课程的校本资源也不例外。我们课题组一直在思考，在初中数学实验课程资源的校本开发和实践中如何育人，在初中数学实验教学的创新设计中育什么样的人。本章将从初中数学实验常态化实施的价值、原则、着力点、范式、路径等方面予以阐述和总结。

4.1 初中数学实验常态化实施的价值、原则

初中数学实验与高中和大学的数学实验有所不同。初中数学实验是以“做”为支架的一种数学学习活动，是学生运用材料和工具，在手脑协同的方式下理解数学知识、探究数学规律、解决数学问题和实际问题的一种数学学习方式。在数学实验过程中，帮助学生积累实践的经验，锻炼思维能力，也是数学学科育人的一种创新实践。

一、初中数学实验的育人价值

初中数学实验常态化实施，就是在日常教学中，教师根据数学课程的基本特征，基于课程的总体目标，以数学实验的方式调动学生多感官参与学习活动，达成学习目标和成长目标。

1. 促进学生知情发展

“知”指认知，“情”指情感。初中数学实验是学生实际操作有关实验工具进行的一种实践和思维活动。在此过程中，数学实验营造了一种能够使学生知情和谐发展的学习环境，学生的感知、记忆、思维、想象等认知因素直接参与实验操作，动机、兴趣、情绪、意志等情感要素对认知活动又起到了调节作用。显然，认知是指学生“能不能”学习数学，而情感则表示学生“愿不愿意”学习数学。实践表明，数学实验以实物为载体，多种感官一起参与，能够显著激发学生的学习兴趣，进而产生数学学习的积极驱动力，有效促进学生的知情共同发展，达到“能学”并“愿学”数学的目的。

2. 助力学生积累活动经验

史宁中教授曾经说过，我们必须清楚世界上有很多东西是不可传递的，只能靠亲身经历，智慧并不完全依赖于知识的多少，而依赖于经验。数学活动经验就是相应的数学知识发生、发展和应用过程中的经验，依赖于活动本身以及参与者在活动中的悟性。数学实验的重点就是“做”的过程，通过对数学模型、图形、式子、符号等进行观察、变换、演示、求解，获取感性认识和数学结论，进而积累基本的数学活动经验。

3. 呈现完整学习过程

当下的数学教学很多只注重知识灌输，“重理论轻实践，重结果轻过程，

重知识轻能力，重训练轻理解”等现象时有出现。更有甚者，将数学知识教学处理成“掐头去尾烧中段”的简单形式。这种做法只要求学生掌握知识的结果而不考虑这些结果从何而来，又向何处去，要求学生强记知识的外壳而不深入挖掘知识内在的思想方法，要求学生大量做数学练习而不去理解知识的本源问题，这也与当前的“双减”政策背道而驰。一个完整的数学教学过程应该包括三个阶段，即知识是怎么来的，知识是什么，知识将到哪里去。数学实验在“知识是怎么来的”阶段起着凸显知识的过程、知识的证伪因素等价值；在“知识是什么”阶段，数学实验帮助学生理解知识的本质，包括利用知识解决数学问题和生活问题；在“知识将到哪里去”阶段，数学实验能够证实猜想，发展学生的创新思维，对提高学生的数学素养起着关键作用。

二、初中数学实验常态化实施原则

数学实验的本质特征是手脑协同、启思明理。因此，初中数学实验的常态化实施要体现从复杂中揭示出简单性、从孤立的事物中概括出统一性、从无序的事物中挖掘出规律性、从平凡的事物中认识到奇异性。也就是说，初中数学实验的常态化实施要与学生的心理认知水平一致，即需要遵循目标性原则、主体性原则、合作性原则、适切性原则、创新性原则，方能提高学科育人的水平。

1. 目标性原则

数学实验常态化实施过程中，每个数学实验活动必须服务于实际教学，要有针对性地设计实验目标、内容、形式、步骤、评价等环节，充分考虑数学实验应达到的目的和发挥的作用。做到实验主题小，目标指向明确，问题结论清晰明了。实验目标要指向明确，紧扣教材和课程标准，不能为了实验而实验，拒绝生搬硬套地开展数学实验。教师要明确实验的目的是什么，开展实验教学要达到什么样的效果。

2. 主体性原则

数学实验的主体是学生。学生是以研究者的身份出现在课堂中，教师只是组织者、引导者，处于辅助地位。数学实验常态化实施过程要体现学生的主体性，强调更积极的行动，注重能亲历的实践，彰显多维度的交互，突出真情境的活动，关照更完整的过程。通过主体亲自操作、观察、判断、猜想、探究数学问题，充分发挥主体的创造性、想象力，变被动学习为主动建构，真正促进主体对知识的理解与内化。

3. 合作性原则

在数学实验的探究活动中，每位学生不是一个孤立的主体，他们都是实验小组或者实验团队的一员。开展数学实验的过程就是学生相互协作、互相支持的研究性、探索性学习的过程。数学实验实施的过程中，学生之间的合作发生在操作与记录、观察与讲解、推理与总结这些探究环节中。

4. 适切性原则

数学实验的实施过程要遵循适切性原则。首先，实验难度要与学生的操作能力切合。不同年龄的学生能够学习和接受的知识是由其心智发展水平决定的。教师设计的数学实验难度如果过大，会挫伤学生做实验的积极性，甚至会让学生对数学学习失去兴趣。如果实验内容过于简单，不仅会丧失数学实验探究的意义，更会造成教学资源浪费。其次，数学实验目标要与解决的问题适切。数学实验是在思维指导下通过动手操作发现、验证结论的活动，每个数学实验都把解决某（几）个问题作为目标，因此确立的实验目标要与实验针对的问题匹配，问题的思维水平应该与实验主体的学习能力及水平相一致。

5. 创新性原则

在数学实验常态化实施过程中，师生始终要贯彻创新意识。数学实验实施过程可在教学内容、教学策略、学习方式、评价方式等方面进行创新。数学实验用“做”的方式为学生提供发现问题、提出问题、分析问题和解决问题的情境，给学生留有思维碰撞的时间和空间，最大限度地发挥出数学在培养学生能力方面的效能。数学实验是将教材内容直观化，因此在设计实验内容时要凸显数学实验的直观优势。

4.2 初中数学实验常态化实施的三个着力点

自江苏省2001年在义务教育初中数学教科书中设置“数学实验室”栏目起，省中小学教学研究室就开启了初中数学实验的理论研究与实践探索。多年来，经过大批优秀教师、科研人员、高校教授等的不懈论证及系统实践检验，已经形成了较为完善的数学实验理论体系和课程资源，这些都为初中数学实验常态化实施提供了保障。初中数学教师只有将数学实验推向常态化，才能发挥出教与学方式转变带给学生的最优效益，只有找准数学实验常态化实施的着力点，才能高质量地实现数学学科立德树人的育人价值。

一、立足点：精准掌握《手册》内容，是常态化实施的资源保证

如前面所述，《手册》为师生提供了系统的数学实验资源，是数学实验常态化实施的保障，所以教师要精准掌握《手册》内容。从《手册》内容来看，七年级侧重于游戏、调查、制作，八年级侧重于调查、制作、设计，九年级侧重于制作、设计、课题研究。常态化实施数学实验的有效做法就是要整合教材内容与《手册》的实验资源，将实验有效地融入课堂教学中。《手册》中的实验资源可分为片段型(或融入型)和专题型两类。片段型实验可作为课堂的某个教学环节，如教学情境、观察猜想、结论验证等；专题型实验一般会有明确的主题和完整的实验过程，往往作为一个学时。

从数学实验的目的看，数学实验可以分为实物验证型、实物理解型、实物探究型、计算机探究型、计算机验证型、计算机理解型。例如，“抢‘十七’游戏”属实物探究型，“打印纸中的数学”属实物理解型，“折叠与轴对称”属实物验证型，“一次函数图像”属计算机探究型，“模拟体育彩票开奖”属计算机理解型，“垂线段最短”属计算机验证型。

《手册》中的数学实验内容均对应指向学生的关键能力或素养，如“键盘中字母排列的奥秘”指向数据分析观念；“数格点，算面积”指向符号意识、推理能力；“探究无盖纸盒的最大容积”指向模型思想；“找重心”指向运算能力；“折纸与特殊角的三角函数”指向几何直观；“剪纸与中心对称图案”指向空间观念；“打印纸中的数学”指向数感、运算能力；“翻牌游戏”指向推理能力、应用意识。数学实验使学生真正成为学习活动的主人。通过操作实践，学生经

历实验过程，挖掘实验活动的内隐性知识，学会数学化思考，很好地落实课标的基本理念。

85个数学实验主题对应“数与代数”“图形与几何”“统计与概率”领域，详见表1。

表1 数学实验在各个领域的分布设置情况表

领域	主要实验主题	类型与主题个数	占比
数与代数	感受与表示无理数、与数有关的游戏、探索与数有关的基本规律、测量物体厚度及高度、探索分式的性质、探索函数图像及性质、探究无盖长方体的最大容积、打印纸中的数学	实物理解型　约16个主题 实物探究型　约10个主题 其他　约2个主题 共设置约28个主题	约33%
图形与几何	认识基本图形、简单的拼图、相关的折纸、几何变换、展开与折叠、探究图形的基本性质、设计基本图案、基本定理的发现与验证	实物理解型　约25个主题 实物探索型　约20个主题 其他　约2个主题 共设置约47个主题	约55%
统计与概率	数据的收集与整理、与概率有关的游戏	实物验证型　约5个主题 计算机探索型　约2个主题 其他　约3个主题 共设置约10个主题	约12%

《手册》作为重要的教学资源，具有目标性、科学性，给学生提供了观察现象、动手实践、分析思考的途径，是引导学生发现、分析、思考、理解、掌握、解决数学问题的重要文本资源。它改变了教师“教”和学生“学”的方式。充分理解和掌握其内容，准确把握每个数学实验目标是使用者的首要任务。

二、生长点：精心构建数学实验常态化教学范式，是常态化实施的教学路径

数学实验教学是推动“做”数学常态化实施的最有力手段。它以数学问题为出发点，以获得数学结论为目标，从直观现象出发进行发现和猜想，给出验证和理论证明，是学生亲历数学知识建构的实践活动。

数学实验教学过程是学生在教师的指导下设计研究步骤，通过对工具的操作，发现规律，提出猜想，对数学结果进行验证或证明。根据数学实验任务及实施途径，构建出验证型、理解型、探索型、模拟型四种教学范式。

三、发展点：提升核心素养，实现立德树人目标，是常态化实施的育人价值

初中数学实验课程是国家课程的补充，对国家课程的学习起到有效的促进作用，承载着良好的学科育人功能。初中数学实验紧扣《义务教育数学课程标准(2022 年版)》，以常态化实施的方式精确有效地提升学生的数学核心素养，形成数学学习能力，使他们会用数学的眼光观察世界，会用数学的思维思考世界，会用数学的语言表达世界。

在初中数学实验常态化实施的过程中，学生动手"做"数学，动脑"思"数学，在数学实验中发现问题、验证(证伪或证实)知识、形成数学能力，积累基本活动经验，经历知识产生和发展的完整过程。在这一过程中，数学实验承载着促进认知、激发情感、启迪智慧、塑造品格的功能，对提高数学学习兴趣，发展数学核心素养，实现从学科教学走向学科育人有直接的推动作用。

4.3 初中数学实验教学的范式

数学实验作为数学学科的一门辅助课程，具有较强的实践性、具身性、适切性，承载着良好的育人功能。数学实验是学生通过动手动脑，以“做”为支架的一种数学学习方式，是学生运用材料和工具，通过实际操作，发现数学规律、理解数学知识、验证数学结论的思维活动。课程内容是学科育人的载体，课堂是学科育人的主阵地，因此数学实验教学是数学实验课程育人的有效途径。数学实验教学是教师根据知识学习需求，设计恰当的数学实验内容，并以此为载体的“做”数学的过程。学生从做实验开始，经历过程与结果的融合，培养元认知，增强主观能动性，提高知识领悟及建构能力，最终实现学科育人目标。从有利于数学实验教学实施的角度，按照学生的实验任务将其分为验证型、模拟型、探索型和理解型四种教学范式。

一、验证型数学实验教学，在数学推理中培养学生的元认知

验证型数学实验教学通常从数学结论（猜想）出发，利用实验工具，对结论（猜想）进行证实（伪），是一种演绎与归纳紧密结合的认识方式。学生通过操作实验工具获得信息，这种获得信息的途径还能激发学生的创新意识。验证型数学实验活动中的问题，结果要具有可验性，选择实验工具时要考虑验证的精度，还要考虑学生操作实验的难度、熟练度等。初中数学实验中，适合设计为验证型数学实验的有 14 个，如“在数轴上表示无理数”“垂线段最短”“拼图”“折叠与轴对称”等。验证型数学实验教学的主要目的是让学生通过实验，检验由已学知识推出的数学结论或猜想正确与否。通过实验教学培养学生的元认知，提升学生数学思维的严密性。验证型数学实验教学的一般设计流程如图 1 所示。

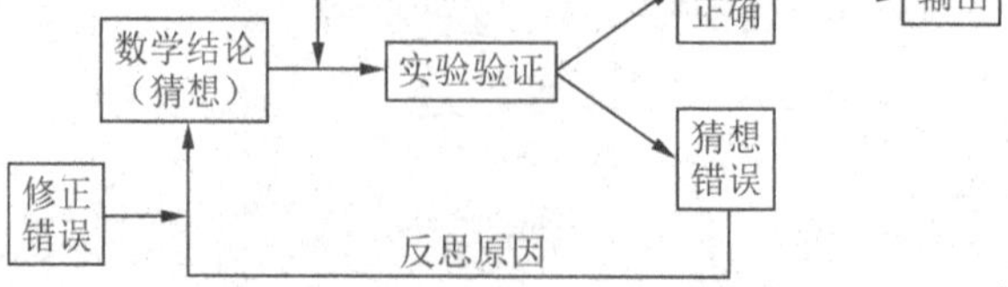

图 1

数学实验教学案例一

一元二次方程的配方法

【教学目标】 通过拼图活动，由图形的面积关系验证一元二次方程的配方法，形成直观解法。学生经历操作、观察、思考等认知活动，感悟数学思想。

【实验工具】 长比宽多 2 cm、面积为 24 cm^2 的矩形纸片，边长为 1 cm 的正方形纸片。

【教学设计】

活动 1 做一做

(1) 将手中的矩形分割成一个边长为 x cm 的正方形和两个长为 x cm、宽为 1 cm 的矩形。

(2) 将分割出的图形与边长为 1 cm 的小正方形拼为一个大正方形。

(3) 你能根据拼得的图形算出 x 的值吗？

活动 2 试一试

有一块矩形草地，长比宽多 6 m，面积为 55 m^2，你知道该草地的宽是多少米吗？尝试设计方案并画图说明。

活动 3 议一议

现有面积为 $x^2+bx(b>0)$ 的矩形，怎样拼图能得到一个大正方形呢？

活动 4 想一想

如何用几何法解 $x^2-7x-60=0$ 呢？请画图说明。

活动 5 总结规律

对于形如 $x^2+bx+c=0$ 的方程，如何转化为 $(x+n)^2=p(p\geqslant 0)$ 完全平方的形式？请写出证明过程。

评析：元认知是认知主体对自身各种认知活动的认知。用数学实验验证一元二次方程配方法的过程中，学生先运用"做、试、议、想"进行数学归纳，再以"总结规律"引导学生演绎证明，从数学逻辑思维的角度检验了配方法的正确性、合理性、一般性。在这个过程中，学生的认知发展过程经历了具身性操作（如做一做、试一试），观察，验证（如设计方案并画图说明），思考（如议一议、想一想）等，数学实验活动也随之由感性上升至理性。学生作为认知活动的主体，其元认知时刻参与自身的所有认知计划、认知策略、认知过程与结果。由此可见，验证型数学实验教学是学生在实验工具支撑下的认知活动，并且认知主体全程会对自身的各种认知实施监控、调节，即用元认知管理主体的认知内容和认知体验，以保证数学实验活动得到的数学结论向明确的方向发展，因此验证型数学实验教学能较好地培养学生的元认知。

二、模拟型数学实验教学，在技术工具操作中增强学生的主观能动性

模拟型数学实验主要是借助计算机的快速运算和图像处理功能，尽可能逼真地模拟出某些数学问题情境，实现数学中动态变量在静态环境下的完整刻画，从而对某个规律做出预测和判断。模拟型数学实验教学时教师要使学生学会使用相应软件，熟悉软件操作中各项功能，如取点、绘图、测算等。模拟型数学实验教学具有过程性、开放性、可视性等特点，能够突破现实的局限，抓住问题的主要矛盾，在直观中揭示数学对象的本质和规律，发现问题的实质。模拟型数学实验教学的一般设计流程如图2所示。

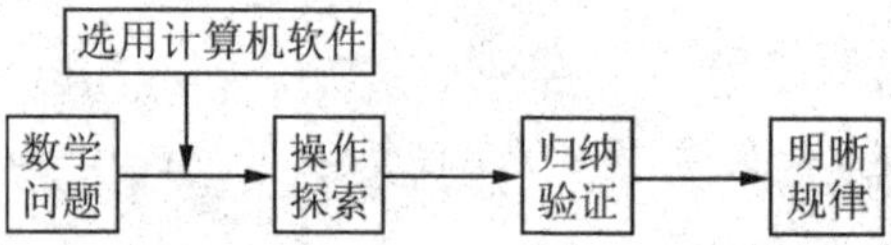

图2

数学实验教学案例二

体育彩票中奖的概率

【教学目标】 通过设计7位数体育彩票开奖程序，学生经历模拟开奖的过程，体会随机事件发生的概率。

【实验工具】 安装了几何画板的计算机。

【实验准备】 学生在教师的指导下，在计算机上利用几何画板制作一个“体育彩票抽奖”小程序，具体制作步骤如下：

(1) 新建参数，编辑属性：删除标签，精确度设定为“单位”。

(2) 采用“复制”“粘贴”得到另外6个参数。

(3) 同时选中以上7个参数，单击“操作类按钮”/“动画”。将标签修改为“开始/结束”；每个参数“动画”均设定为：方向“随机”，改变一次数值“每0.02

秒”，范围“－0.5—9.5”，如图 3 所示。

（4）单击“开始/结束”按钮进行调试，在 7 个参数的上方输入文本“体育彩票”，并保存小程序，将文件命名为“模拟 7 位数体育彩票开奖.gsp”，如图 4 所示。

图 3

图 4

【实验过程】

活动 1 了解开奖规则

教师出示 7 位数体育彩票的投注和开奖规则，使学生全面了解特等奖、一等奖、二等奖、三等奖、四等奖、五等奖的中奖规则。

活动 2 模拟实验

（1）“购买”彩票：在纸上写出你认为可能中奖的 5 组 7 位数。

（2）开奖：打开“模拟 7 位数体育彩票开奖.gsp”程序，单击“开始/结束”按钮，运行一段时间，再次单击“开始/结束”按钮，此时显示的 7 位数就是开奖的结果。

（3）兑奖：按照规则，查看自己“购买”的彩票是否中奖以及获得的奖项。

活动 3 思考

（1）统计、汇总全班同学的中奖情况，并根据实际中奖数将各个奖项按从小到大的顺序排列。

（2）根据中奖规则，计算购买 1 张彩票中特等奖或一等奖的概率。

（3）比较模拟开奖结果和实际中奖概率，说说你的想法。

（4）原理解密：右击“开奖”按钮，查看“属性”。各参数的范围为什么是“－0.5—9.5”，而不是“0—9”？

评析：毕达哥拉斯曾说“在数学的天地里，重要的不是我们知道什么，而是我们怎么知道什么”。模拟型数学实验教学强调主体的参与意识。技术工具能够给模拟型数学实验教学提供客观的实验环境。通过模拟实验加快了学生对某个数学规律(结论)的认识速度,缩短了认识进程,相比验证型数学实验来说,学生的主观能动性有所增强。“体育彩票中奖的概率”实验教学,目的是让学生真实体验到等可能条件下随机事件发生的概率,利用几何画板软件的动态功能进行全真模拟。首先,教师要教会学生操作几何画板,设计符合实验内容的运行程序,让学生感受到实验结果的客观性。其次,模拟型数学实验教学不能将教学目标仅停留于模拟层面,应该让实验活动与数学思考同行。学生经历购彩票、开奖、中奖、兑奖的活动,体验“可能性很小的随机事件仍有可能发生”“中奖的概率小于不中奖的概率”“中五等奖的概率大于中四等奖的概率”“中四等奖的概率大于中三等奖的概率”等等。学生仿佛置身于真实的情境中,期待中奖的心情激发他们主动对彩票中奖结果进行统计与分析、计算与归纳等探究活动。模拟型数学实验教学是学生手脑并用的学习方式,要求学习主体具有较强烈的主观能动性,实验活动中的思考使数学逻辑得到沉淀,实验活动回归理性,使学生对数学知识的认知更加全面。

三、理解型数学实验教学,在活动经验积累中提升学生的领悟能力

理解型数学实验主要是针对某些学生不易理解的数学概念、性质,不易把握的动态问题等设置的实验活动。教师设计数学实验,让学生经历知识形成的过程。学生通过对实验工具的数学化操作,概括出事物的主要特征。理解型数学实验教学重视引导学生对数学现象和事实进行观察和领悟。当学生对某个数学知识理解有困难时,教师往往利用实验的可重复性为理解知识积累活动经验。例如,在“感受无理数”的教学中,学生先将分数化为小数,发现分数都可以化成有限小数或无限循环小数。再通过“掷骰子,写数字”游戏,构造无限不循环小数,学生能感受到无限不循环小数不仅存在,而且可以有许多。这样的实验过程,切实增强了学生对无理数的理解和认识。初中数学实验中,理解型数学实验占实验总数的比例约为 46.2%。理解型数学实验的具体教学设计流程如图 5 所示。

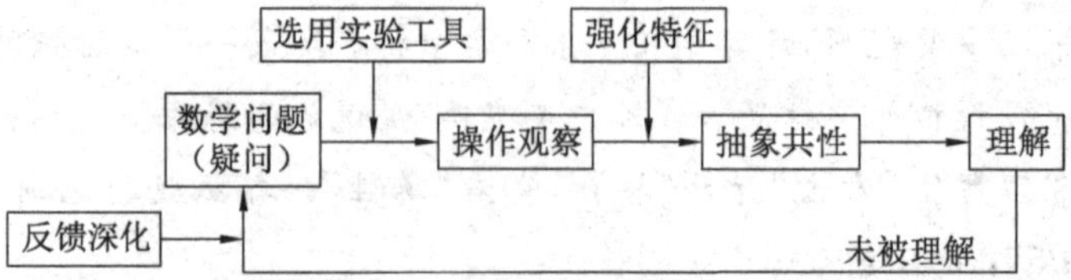

图 5

数学实验教学案例三

“做”菱形

【教学目标】 通过剪、叠、折的方法制作菱形，加深理解菱形的判定方法。

【实验工具】 剪刀、等宽矩形纸片若干张、任意三角形纸片 1 张、毛边纸 1 张。

【教学设计】

1. 剪菱形

(1) 猜猜老师手中的四边形纸片是菱形吗？如何验证？

(2) 给你一张矩形纸片，你能剪出一个菱形吗？请向同学展示你的剪法并说明理由。

2. 叠菱形

(1) 取出两张等宽的矩形纸片，将它们非重合地叠在一起，观察重叠部分是什么特殊四边形，并证明你的猜想。

(2) 转动其中一张纸片，观察重叠部分的面积何时最小，何时最大。你有什么发现？

3. 折菱形

(1) 利用一张矩形纸片能折出菱形吗？与同学交流你的折法并证明。

(2) 用三角形纸片能折出菱形吗？展示你的折法并予以证明。

(3) 用毛边纸能折出菱形吗？请展示折法并给出证明。

评析：G. 波利亚指出“抽象的道理很重要，但是要用一切办法使它们看得见、摸得着”。如何判定一个四边形是菱形？教材通常以文字表征，即用菱形的定义和判定定理呈现，多数学生仅停留于感性认知。理解型数学实验教学能够以做实验的方式引导学生深入理解知识。“剪菱形”中的“猜”就是让学生根据纸片具备的特征梳理菱形的判定方法，“剪”是将梳理出的方法用于实践活动，把抽象的文字表述落实到“做”之中。“叠菱形”需要运用菱形的定义、面积以及其与矩形的联系等知识，使学生对菱形的理解立体化。“折菱形”的目的是将菱形的判定方法进行综合使用。学生需要根据手中纸片的不同形状、不同条件，灵活选择判定方法，即怎样折，为什么这样折，具象的实验活动能够唤起学生操作和说理的热情。本实验教学过程具有层次性、开放性，能够满足学生动手动脑“做”数学的逻辑需求和心理需求，充分体现学生的主体性。在“做”菱形的实验中，学生对菱形判定方法的理解从表象到实质，从操作到说理，从合情推理到演绎论证，积累了数学活动经验，加强了领悟能力，体验与获得了情感、态度、价值观。

四、探索型数学实验教学，在问题探究中促进学生的认知建构

从认识论的角度看，探索型数学实验强调学生主体在数学认知活动中的作用。作为实验主体的学生，他们的能力表现直接决定了数学的进程和实验成果的大小。在探索型数学实验教学中，学生要亲自在实验中发现数学结论，这对学生的创造能力培养十分有益，通过探究获得的知识会很自然地融入学生已有的知识结构中。探索型数学实验既可以把验证型数学实验再引向深入，又能将理解型数学实验应用到实验结论的表达上，还能在模拟型数学实验的基础上再进一步探究，实现真正意义上通过探索达到建构数学认识结构的目的。从探索型数学实验对学生的发展作用看，该类型数学实验是数学实验教学的主流。探索型数学实验的具体设计流程如图 6 所示。

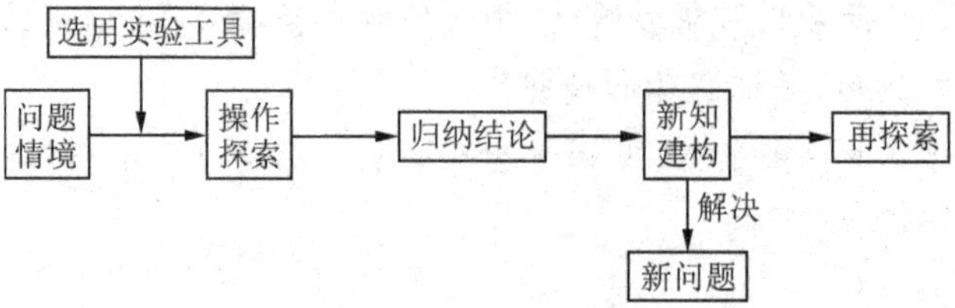

图 6　探索型数学实验教学流程图

数学实验教学案例四

打印纸中的数学

【教学目标】　通过对 A4 纸长与宽比值的猜测、计算、折叠等实验活动，探索 A4 纸长与宽的比值，感受无理数的存在性。

【实验工具】　刻度尺、A4 纸、A3 纸、A5 纸。

【教学设计】

活动 1　猜一猜，量一量

(1) 同学们想研究与 A4 纸有关的哪些问题？你知道它的长与宽的比值是多少吗？请量出 A4 纸的长与宽，并计算其比值的近似值。

(2) 请根据长与宽之比的近似值猜想精确值。

(3) 怎样说明你的猜想是正确的呢?

活动2 折一折,说一说

(1) 能用折叠的方式来探究你的猜想是否正确吗?请说明你的操作理由。

(2) 你能说出A3纸的长与宽的比值吗?A5纸的长与宽的比值呢?请证明你的猜想。

活动3 思一思,想一想

(1) 你能猜出所有A型纸的长与宽的比值吗?并说出它们之间的关系。

(2) 为什么A型纸被称为标准纸?

(3) 请你根据以上分析,思考为什么计算机显示器的长与宽的比设计成16∶9。猜想电影幕布的尺寸,并说说你的理由。

(4) 你能运用本节课学到的方法,继续探究生活中K型、B型纸的长与宽的比值吗?K型、B型纸之间是不是也具有某种规律呢?请同学们在课后开展探究并作交流。

评析:史宁中教授说过"世界上有很多东西是不可传递的,只能靠亲身经历"。数学实验教学就是让学生亲身经历知识的形成过程,数学学习就是将外在的知识内化为个体的认知结构,新知要依靠自身去建构。无理数的存在性对于七年级的学生来说是较抽象的,如何能让学生看得见、摸得着、亲身体验呢?教师运用探索型数学实验教学,根据知识学习目标设计恰当的问题,用问题引导学生开展探究活动,在问题探究中促进知识的建构与内化。探究即"探索"和"研究","探"指的是探索活动,"究"是指知识建构。"打印纸中的数学"从学生最常见的A4型纸入手,先用刻度尺"量"它的长与宽,求出长与宽比值的近似值,再用"折"使比值$\sqrt{2}$这个无理数直观显现,让学生体会到无理数的真实存在性,然后用"思一想"从A4纸迁移到所有的A型纸,通过实验活动内化知识。最后在问题的激发下,学生将研究方法应用到B型、K型纸的探究中。探索型数学实验教学使学生在"知识怎么来的""知识是什么""知识去哪里"的活动中完成知识建构,在"怎样发现""如何研究"问题中实现方法建构,全面有效地培养了学生的认知建构能力。

五、结语

《义务教育数学课程标准(2022年版)》指出"课程目标的确立,立足学生核心素养发展,集中体现数学课程育人价值"。数学实验以"做"数学的形式为学生提供动态的、可视化的、完整的数学学习过程，教师引导学生在数学实验中掌握“四基”，形成“四能”，积累数学活动经验，感悟数学思想方法，发展数学情感、态度、价值观，形成数学核心素养，最终实现学科育人目标。

4.4 初中数学实验常态化实施的路径

数学实验常态化实施要成为学生“学”和教师“教”的自觉行为，这样才能有效发挥数学实验服务知识学习的功能，也才能体现学生经历完整数学学习过程的价值。

一、利用教科书中实验栏目，以片段式实验融入常态课堂

师生使用的教科书就是数学实验常态化实施的一条重要途径。例如，苏科版义务教育教科书《数学》，在编写时设置了“数学实验室”“数学活动”“课题学习”等实验栏目，这些栏目为学生通过数学实验的方式学习数学知识提供机会，能引导学生通过数学实验感受数学，探索知识和结论。实验栏目可以以片段式融入常态课堂教学之中。例如，在“展开与折叠”这节内容的开始，教科书设计了“将一个正方形纸盒沿部分棱剪开成一个平面图形”的实验，目的是使学生经历“展开”的过程，体会立体图形与平面图形之间的关系。根据学生的学习基础和认知特点不同，“数学实验室”在不同的年级设定的要求层次也不同。例如，七年级重点是感受、体验，会简单描述数学现象；八年级是验证和发现简单数学规律或结论，会表述实验过程；九年级是能够探索实验现象和规律，在实验过程中反思和质疑，发展推理能力。“数学活动”和“课题学习”栏目将数学实验由课内延伸至课外。教材对这两个栏目的设计突出“动”和“用”，引导学生在实践活动中思考，充分感受知识的价值，增强学生应用数学知识解决问题的意识，感受数学与生活的联系，获得情感、态度和价值观的发展。

二、用好《初中数学实验手册》，以主题式实验融入常态课堂

2015 年江苏省中小学教材审定委员会审查通过《初中数学实验手册》（以下简称《手册》），《手册》分为七年级上下册、八年级上下册和九年级全一册，共 5 册。该《手册》主要是将教科书中一些教学内容、知识点直接转化为直观化、具体化、可操作的数学实验，并根据部分教学内容将其系统地开发、设计成数学实验，借助图形纸片、方格纸、透明纸等便于教学实施。初中三个年级共有 85 个实验主题，这些数学实验均具有实验工具的直观性与多样性、实验内容的趣味性和情境性、实验结论的确定性与深刻性、学生思维的参与性与

创新性。所有数学实验都为数学知识教学服务，都与数学学习紧密结合，更方便教师以主题式融入日常教学中。

三、开发校本实验资源，以专题式实验融入常态课堂

数学实验常态化实施的最终落脚点是学校的每个班级，所以要大力开发适应一所学校数学实验教学需要的校本实验资源。这样的数学实验资源更贴近学生的学情，更适合教师的课堂教学，可以以专题式融入常态课堂教学中。校本数学实验资源的开发者是数学教师和学生。他们通过在教学和学习中探究、反思，摸索出独具个性的理解方法或验证方式，并用数学实验的方式予以展示，从而形成适合校情、学情的数学实验资源。例如，学生在学习完“概率”后，通过录制“验证××事件发生的概率”专题小视频，来探究、验证等可能条件下某事件发生的概率。校本数学实验资源给师生提供了更多深入研究数学实验的机会，给更多人搭建数学实验资源开发的平台，使数学实验更加丰富多彩。

数学实验作为一门实践课程，为学生学会学习提供了支撑条件。初中数学实验常态化实施较好地改变了数学教学中的学科本位现象，以及教师在数学课堂上重科学轻人文、重理论轻实践、重知识轻素养的教育理念，有效地转变了初中数学教与学的方式。学生在数学实验的驱动下想学数学、会学数学、乐学数学，凸显了数学课程的育人功能，有利于实现数学学科立德树人的根本任务。

后　记

本书是江苏省中小学教学研究室第十一期重点课题“初中数学实验教学的校本发展与实践研究”(2015KJ11－2023)、苏州市教育科学“十三五”规划课题“初中数学实验校本资源的开发研究”(16122791)以及江苏省教育科学“十四五”规划课题“初中数学实验课程资源的校本开发与实践研究”(D/2021/02/764)的成果之一。

全书共分为四章。第1章主要阐述初中数学实验课程资源研究的内涵和价值，以及其对初中数学教与学的重要意义。第2、3章详细呈现18个初中数学实验课程资源开发与创新的案例，分为实物类实验资源开发和技术类实验资源开发两类。实物类实验资源开发案例分别由纸片类、套尺类和模型类共9个创新案例组成；技术类实验资源分别从信息技术软件GeoGebra、几何画板、网络画板三个方面共呈现9个实践案例。第4章是对全书内容进行全面评价和反思，阐述落实课程育人的策略和途径，以及其对初中生“跨学科项目化学习”研究的启迪价值。

在本书撰写过程中，得到吴锷老师、丁银杰老师、苏州中学园区校初中数学教研组全体同仁的鼓励！本书的出版得到江苏省苏州中学卫新校长和苏州中学副校长、苏州中学园区校党总支书记胡慧敏老师，苏州中学园区校副校长张锋老师，课程发展中心单伟峰老师的大力支持。在此一并表示感谢！

由于个人研究能力有限，书中难免有不周全之处，恳请各位老师给予批评指正。